Susanne Motamedi

Konfliktmanagement

Susanne Motamedi

Konflikt-
management

Vom Konfliktvermeider zum Konfliktmanager
- ▶ Grundlagen
- ▶ Techniken
- ▶ Lösungswege

2. Auflage

Die Deutsche Bibliothek - CIP-Einheitsaufnahme

Motamedi, Susanne:
Konfliktmanagement: vom Konfliktvermeider zum Konfliktmanager: Grundlagen, Techniken, Lösungswege / Susanne Motamedi. - 2. Aufl. - Offenbach : GABAL, 1999
ISBN 3-89749-002-1

Lektorat: Dr. Sonja Klug, Rheinbach
Coverillustration: Udo Leuchtmann, Bremen
Textillustrationen: Jutta Roth, Bonn
Cover: image team, Bremen
Satz und Layout: image team, Bremen
Druck und Verarbeitung: Salzland Druck, Staßfurt

© 1999 GABAL Verlag GmbH, Offenbach

Inhaltsverzeichnis

Einführung: Schon wieder ein Konflikt!

„*Das Einzige, um was sich Führungskräfte nicht kümmern müssen, sind Konflikte. Die entstehen von alleine*", meint der amerikanische Unternehmensberater *Peter Drucker*. In der Tat bedarf es meist keiner größeren Anstrengungen, um Fronten zwischen zwei Menschen oder in einem Team aufzubauen. Menschen mit ihren individuell verschiedenen Ansprüchen, ihrem Denken und ihren Gefühlen geraten automatisch aneinander. Und das ist nicht verwunderlich, denn wir alle halten verschiedene Dinge für richtig oder falsch. Wir haben unterschiedliche Erwartungen an die Zusammenarbeit. Unsere Erfahrungen unterscheiden sich, und damit ist die Einstellung gegenüber der Arbeit und den Kollegen eine andere.

Unterschiedliche Erwartungen können Konflikte schaffen

Haben wir durchweg gute Erfahrungen in der Teamarbeit gesammelt, werden wir mit anderen Erwartungen auf ein neues Projekt zugehen, als wenn wir beim letzten Team das Gefühl hatten, dass die ganze Arbeit an uns hängen blieb. Die gute bzw. die schlechte Erfahrung bestimmt, was wir von anderen Menschen oder von bestimmten Situationen erwarten.

Erfahrungen bestimmen Erwartungen

Und nicht zuletzt bestimmt das, was wir erwarten, das, was tatsächlich geschehen wird. Wenn wir erwarten, dass Konflikte etwas Negatives sind, dann werden sie uns

7

wahrscheinlich auch mehr belasten. Stehen wir hingegen auf dem Standpunkt, dass sich für entstandene Konflikte auch Lösungen finden lassen, dann setzen wir Energie für den Lösungsprozess frei – auch wenn es Kraft kostet, einen Konflikt mit einem positiven Ergebnis zu beenden.

Ziel des Buches Dieses Buch soll für Sie eine Hilfe sein, zukünftig gelassener mit Konflikten umgehen zu können. Sie werden erfahren, wie Konflikte entstehen, welchen Teil jeder selbst dazu beiträgt und wie sich Lösungsmöglichkeiten finden lassen. An konkreten Fallbeispielen werden Lösungen entwickelt, die Ihnen für Ihre Situation Anregungen geben können. Fragen und Übungen helfen Ihnen in jedem Kapitel, das Gelesene zu vertiefen und auf Konflikte anzuwenden.

Private und berufliche Ebene Es werden Konflikte auf der privaten ebenso wie auf der beruflichen Ebene betrachtet. Im Führungsalltag trägt man nicht nur die Verantwortung für das eigene Fairplay, sondern man wird auch zu manchem Konflikt als Berater und Schlichter hinzugezogen. Daher wird auch das Thema Konfliktmediation (Vermittlung) behandelt.

Vielleicht erkennen Sie einige Situationen wieder oder entdecken neue Ideen, vielleicht können Sie ein paar Anregungen umsetzen. Ich wünsche Ihnen viel Spaß beim Lesen und Ausprobieren.

Ihre *Susanne Motamedi*

Übung

Welche grundsätzlichen Erfahrungen haben Sie bisher mit Konflikten gemacht? Erinnern Sie sich an einige Beispiele und notieren Sie, ob Sie diese Erfahrungen eher positiv, negativ oder neutral bewerten.

	Konflikt	Bewertung (+/0/-)
1.		
2.		
3.		
4.		
5.		
6.		
7.		

Reaktionen auf Konflikte

Konflikte sind alltäglich Konflikte gehören zur Zusammenarbeit und zum Zusammenleben – genauso wie Spaß, Freude und Glück. Wenn Menschen miteinander in Kontakt treten, entstehen häufig Reibungen. Diese Reibungen beschäftigen uns emotional. Wir denken über die belastende Situation nach. Die Gedanken gehen uns oft länger und ausführlicher durch den Kopf, als es uns vielleicht lieb ist. Das bindet Kräfte und wir können uns nicht mehr so gelassen auf unsere Arbeit und auf andere Dinge konzentrieren. Immer wieder schweifen wir ab und finden es mühsam, uns zu sammeln.

Manchmal nehmen wir diese Belastung auch nicht bewusst wahr, fühlen uns aber angeschlagen und ausgelaugt. Es fehlt Energie.

Vor allem drei Reaktionen zeigen einen Konflikt an:
- Gereiztheit,
- psychosomatische Symptome,
- Rückzug nach innen.

Gereiztheit

Erste Signale Gereizte Reaktionen sind die ersten Signale, die uns verdeutlichen, dass wir mit einer Sache, einer Person oder mit uns selbst nicht im Reinen sind. Wir reagieren genervt auf die alltäglichen Dinge: das Lachen der Kollegen ist anstrengend, die Spaghetti in der Kantine schmecken nicht mehr und das Wetter macht uns zu schaffen. Der Gefühlshaushalt ist geprägt von inneren Zweifeln und Verwirrung. Nichts klappt mehr wie gewohnt. Jede kleine zusätzliche Belastung erscheint unüberwindbar.

Bei einem solchen diffusen Unzufriedenheitsgefühl lohnt es, der Sache auf den Grund zu gehen. Nehmen Sie sich Zeit und konzentrieren Sie sich auf Ihre Empfindungen. Angenommen, Sie verspüren ein diffuses Unbehagen bei dem Gedanken an die Sitzung am Nachmittag. Anstatt das Gefühl nun wegzuschieben, können Sie sich darauf einlassen, um die Ursache dafür herauszufinden. Vielleicht fühlen Sie sich schlecht vorbereitet (innerer Konflikt) oder Sie erwarten eine Konfrontation mit einem Kollegen, oder es gibt einen anderen Grund für Ihre Talstimmung.

Diffuser Unzufriedenheit auf den Grund gehen

Wenn Sie sich jetzt Zeit für sich nehmen, können Sie einem offenen Konflikt vorbeugen. In einer Pause, in der Sie sich konzentrieren, können Sie das Gefühl anerkennen und über Ursachen nachdenken. Finden Sie im Moment keine ruhige Minute für diese Auseinandersetzung, dann verschieben Sie es auf den Abend oder einen anderen geeigneten Zeitpunkt. Wichtig ist nur, dass das Nachdenken darüber nicht im Alltag untergeht. Manchmal muss man aufpassen, dass nicht die wirklich wichtigen Dinge durch andere, von außen kommende Anforderungen verdrängt werden.

Nehmen Sie sich Zeit zum Nachdenken

> Die Auseinandersetzung mit sich selbst kann Konflikten vorbeugen.

Signale rechtzeitig erkennen

Jedes noch so kleine ungute Gefühl kann einen Hinweis auf einen kleineren oder größeren bevorstehenden Konflikt geben. Je früher Sie dieses Signal wahrnehmen, umso einfacher und klarer erkennen Sie meistens die Ursache. Mit zunehmender Zeit hingegen wächst die Komplexität des Problems, und es wird schwieriger, einen Anfang zur Klärung zu finden. Nicht umsonst können Psychologen nachweisen, dass Menschen, die sich täglich ein paar Minuten für sich gönnen, um innerlich aufzuräumen, ausgeglichener und selbstbewusster wirken als Menschen, die darauf bedacht sind, kontinuierlich den äußeren Anforderungen gerecht zu werden. Letztendlich bewältigen wir alle Aufgaben dann am besten, wenn innere Ruhe und Zufriedenheit dafür gegeben sind.

Psychosomatische Reaktionen

Wahrnehmung des Körpers

Wir können froh sein, dass wir einen so intelligenten Körper haben. Er nimmt Konflikte schneller wahr als der Verstand und zeigt uns mit Magen-, Kopf-, Rückenbeschwerden oder anderen Schmerzen an, dass etwas nicht stimmt. Die genaue Ursache bleibt aber verborgen, denn die Schmerzen äußern sich nicht exakt in dem Moment, in dem wir dem Konfliktpartner gegenüberstehen. Oft tauchen sie auch in einem ganz anderen Zusammenhang auf. Es kann beispielsweise sein, dass ein privater Konflikt Rückenschmerzen im Büro verursacht und umgekehrt.

Beschwerden bewusst wahrnehmen

Auch in diesem Fall führt Zeit zum Nachdenken oftmals zur Lösung. Konzentrieren Sie sich auf die Beschwerden und befragen Sie sie nach ihrer Ursache. Auf was wollen Sie die Schmerzen hinweisen? Warten Sie einfach ab, welche Gedanken entstehen. Beschäftigen Sie sich mit diesen Gedanken, auch wenn sie unerfreuliche Nachrichten bergen. Selbst eine bedenklich stimmende Nachricht kann wichtige Informationen enthalten.

> **Wenn Sie sich mit dem Konflikt bewusst auseinandersetzen, geht die psychosomatische Reaktion meist zurück.**

Denn der verborgene Konflikt hat jetzt eine andere Ausdrucksmöglichkeit gefunden. Er wird beachtet und muss sich nicht mehr über körperliche Beschwerden bemerkbar machen.

Rückzug nach innen

Hat man das Gefühl, dass einem alles egal ist, auch die Verhaltensweisen der anderen, dann befindet man sich emotional auf dem Rückzug. Man spürt einen Konflikt auf sich zukommen, möchte sich aber lieber heraushalten und empfindet daher Desinteresse für das umgebende Geschehen. Schließlich muss man bei unangenehmen Dingen nicht unbedingt im Mittelpunkt stehen – oder?

Prüfen Sie Ihre Möglichkeiten des Engagements

Nutzen Sie Ihr ruhiges Plätzchen, um zu überlegen, in welchem Bereich Sie sich gewinnbringend einsetzen könnten. Möglicherweise können Sie einen wichtigen Beitrag zur Klärung leisten? Vielleicht finden Sie auch Ihren Anteil am Konflikt heraus und können etwas ändern? Die „klare Luft" nach einem Konflikt kann sehr befreiend wirken. Nicht bearbeitete Konflikte ziehen nur scheinbar vorüber. In der Regel tauchen sie wieder auf – beim zweiten Mal allerdings massiver.

Vor dem Konflikt Reaktionen bedenken Der Rückzug nach innen bringt nur im ersten Moment Ruhe mit sich. Denn wenn man in irgendeiner Hinsicht Teil am Konflikt hat, kann man sich nicht einfach heraushalten. Irgendwann kommt das Thema wieder auf den Tisch. Deswegen ist es besser, wenn man vorher schon überlegt, wie man im Zweifelsfall reagieren möchte.

Was können Sie tun?

Frühe Problemlösung erspart Konflikte Auch wenn Sie froh sind, dass gerade alles gut läuft, ist es wichtig, auf die ersten Anzeichen für einen Konflikt zu achten. Je früher Sie ihn erkennen und sich mit ihm beschäftigen, umso einfacher lässt er sich lösen. Sind beide Parteien erst einmal festgefahren, ist viel Überzeugungsarbeit notwendig. Wenn Sie sich gereizten Mitarbeitern gegenübersehen oder bemerken, dass Sie selbst gereizt reagieren, dass psychosomatische Krankheiten auftreten oder Sie das Gefühl haben, dass einige im Begriff sind sich zurückzuziehen, dann stehen Sie bereits einem handfesten Konflikt gegenüber.

Regelmäßig Zeit für sich nehmen Gönnen Sie sich täglich ein paar Minuten für sich ganz alleine. Lassen Sie Ihren Gedanken und Gefühlen freien Lauf. Prüfen Sie aufmerksam, ob Sie mit sich im Reinen sind. Nehmen Sie geringe Anzeichen von Unzufriedenheit, Gereiztheit, Schmerzen oder Egal-Stimmung wahr und gehen Sie der Ursache auf den Grund. Überlegen Sie dann, wie Sie den Konflikt anpacken möchten. Dazu erhalten Sie im weiteren Verlauf des Buches Hilfestellungen.

Übung

Denken Sie an einen Konflikt, den Sie erlebt haben. An welcher Stelle fühlten Sie körperlich zuerst, dass ein Konflikt besteht? Spürten Sie zum Beispiel eine schwere Atmung, kalte Füße, Herzbeschwerden, Müdigkeit, Bauchschmerzen, Rückenschmerzen oder etwas anderes? Zeichnen Sie die schmerzenden Partien in die folgende Figur ein. Je genauer Sie wissen, welche Signale Ihnen Ihr Körper sendet, umso schneller können Sie das nächste Mal reagieren.

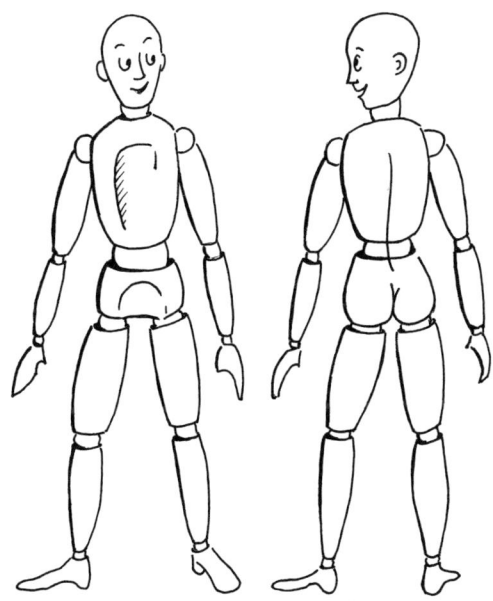

Essentials

- ▓ *Konflikte gehören zum Leben.*
- ▓ *Gereizte Reaktionen oder ein Rückzug nach innen sind erste Anzeichen für einen Konflikt.*
- ▓ *Der Körper weiß meistens vor dem Verstand, dass es uns nicht gut geht.*
- ▓ *Nutzen Sie ruhige Minuten für sich.*

15

Wahrnehmung und Konflikte

Wie Wahrnehmung funktioniert

Gefühle steuern die Wahrnehmung Unsere Wahrnehmung ist ein lebendiger und aktiver Prozess. Wir sind den Dingen, die um uns herum geschehen, nicht wehrlos ausgeliefert, sondern wir bestimmen teilweise bewusst, größtenteils aber unbewusst, was wir aufnehmen. „Was das Herz nicht will, lässt der Kopf nicht ein", sagt Schopenhauer und beschreibt damit, dass unsere Wahrnehmung gefühlsorientiert gesteuert ist.

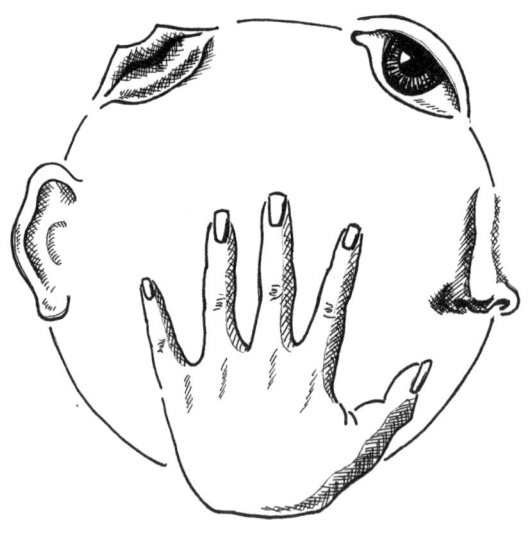

Die fünf Sinne

Unsere fünf Sinne (sehen, hören, riechen, fühlen und schmecken) helfen uns, die Welt zu erschließen. Aber ohne die gezielte Verarbeitung im visuellen Kortex bleiben die Wahrnehmungen konfus und zusammenhanglos. Erst durch die Zuweisung einer Bedeutung im Gehirn kann das, was wir von außen aufnehmen, zu einem sinnvollen Ganzen verarbeitet werden.

> **Wir suchen einen Sinn für das, was wir mit unseren fünf Sinnen aufnehmen.**

In welcher Weise die einzelnen Informationen im Gehirn zusammengetragen und bewertet werden, hängt von den Vorerfahrungen, den Einstellungen und den Erwartungen des Wahrnehmenden ab. Die Welt, die sich kontinuierlich verändert, wird in stabilen Strukturen interpretiert. Durch dieses Ordnungsprinzip, das den einströmenden Reizen einen Sinn verleiht, sind wir in der Lage, uns in unserer Umgebung zurechtzufinden. Wir fügen die einzelnen Wahrnehmungselemente so zusammen, dass aus unserer Sicht ein sinnvolles Ganzes entsteht. Beispielsweise sehen Neugeborene alles auf dem Kopf. Erst durch die Erfahrung wird das Bild im Gehirn umgedreht.

Wahrnehmung folgt stabilen Strukturen

Setzt man eine sogenannte Prismenbrille auf, steht die Welt ebenfalls Kopf. Nach ein bis drei Tagen wird die Wahrnehmung so verändert, dass die Dinge wieder richtig herum erscheinen. Die Erfahrung korrigiert die Sinneseindrücke. Setzt man die Brille wieder ab, dauert es erneut einige Zeit, bis das Wahrgenommene mit der tatsächlichen Welt übereinstimmt.

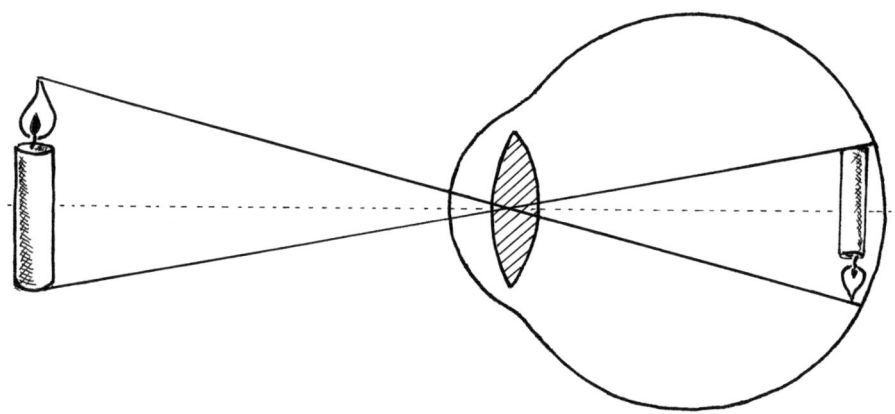

**Auf der Netzhaut des Auges steht die Welt auf dem Kopf.
Erst der visuelle Kortex dreht das Bild richtig herum.**

Tausende von Informationen werden in Sekunden verarbeitet

Unser Nervensystem ist außerordentlich leistungsfähig. Es ermöglicht uns, mit größter Genauigkeit auf die Gegebenheiten in unserer Umwelt zu reagieren. In einem einzigen Augenblick werden beispielsweise 100 Millionen Empfindungen von Lichtquellen in unserer Umgebung über die Netzhaut der Augen zum Gehirn weitergeleitet. Dazu kommen die Empfindungen anderer Sinnessysteme. Diese unüberschaubare Flut an Informationen muss im Gehirn schnellstmöglich sortiert und verarbeitet werden, damit wir reaktionsfähig bleiben. Und wie wir alle wissen, geschieht das im Bruchteil einer Sekunde.

Vorwissen hemmt die Aufnahme von Neuem

Aufgrund des Ziels der Reaktionsfähigkeit findet ein permanenter Abgleichungsprozess im Gehirn statt. Es wird zwischen bekannten und neuen Informationen unterschieden. Je mehr Vorwissen und Erfahrung wir haben, umso geringer ist diese Leistung. Das macht deutlich, warum wir zwar einerseits aus dem reichen Erfahrungsschatz schöpfen, also schnell reagieren können, uns andererseits ein reiches Vorwissen aber auch daran hindert, Details wahrzunehmen. Je mehr wir wissen, umso einfacher haben wir es, aber die Gefahr, Wichtiges zu übersehen, wächst gleichermaßen.

> **Je mehr wir wissen, umso weniger nehmen wir von außen auf. Es bedarf der Konzentration, trotz Vorwissens genau hinzuhören und hinzusehen.**

Wie die Wahrnehmung Konflikte steuert

Im Konfliktfall sind wir manchmal darauf eingestellt, negative Verhaltensmuster am Konfliktpartner bevorzugt wahrzunehmen. Wenn wir uns das nicht bewusst machen, dann werden wir tatsächlich überwiegend die Verhaltensweisen wahrnehmen, die uns am anderen ärgern. Fokussieren wir Negatives, so verschließen wir uns gegenüber positiven Signalen. Um nicht der eigenen Voreingenommenheit zu unterliegen, sollten wir uns zwischendurch immer wieder fragen:

Die Gefahr, nur Negatives zu sehen

- Ist das, was mir bewusst ist, wirklich alles, was man sehen, hören und empfinden kann?
- Was könnte ich außerdem wahrnehmen? Was entgeht mir sonst noch?
- Gibt es positive Aspekte, die ich bisher übersehen habe?

Das Verzwickte an der gefilterten Wahrnehmung ist, dass wir in der Regel keine Ahnung davon haben, wie groß der Bereich ist, den wir nicht betrachten.

Konflikte filtern das Wahrgenommene

> **Je größer die emotionale Beteiligung am Konflikt, umso kleiner ist in der Regel der wahrgenommene Ausschnitt.**

Emotionen steuern die Wahrnehmung

Wir fokussieren das, was unserer momentanen emotionalen Gestimmtheit am meisten entgegenkommt. Aufgrund dieses Ausschnitts bewerten wir die Situation und entscheiden, wie wir uns verhalten wollen. Wir sind aber meist der Ansicht, über alle relevanten Informationen zu verfügen. Denn für uns soll das Wahrgenommene folgenden Kriterien entsprechen:

Kriterien der Wahrnehmung

Das Wahrgenommene soll:

- sinnvoll sein
- den Erfahrungen entsprechen
- zu der inneren Einstellung passen
- den Erwartungen entsprechen
- in unser Weltbild passen
- der Gefühlslage entsprechen
- _____
- _____
- _____

Das Feedback des anderen entscheidet über das Verständnis

Prüfen Sie, ob es für Sie persönlich weitere Kriterien gibt, und überlegen Sie, inwiefern diese Kriterien hilfreich sind und in welchen Situationen sie Ihnen den Blick für wesentliche Informationen verstellen können.

Der Kybernetiker _Norbert Wiener_ sagte einmal: „Ich weiß nicht, was ich gesagt habe, solange ich die Antwort darauf nicht gehört habe." Hinter diesem Zitat steckt die Idee, dass jeder seine Worte nur so plant, wie sie für ihn selbst

20

überzeugend wirken. Man weiß erst, ob man von dem anderen wirklich verstanden wurde, wenn man seine Reaktion abwartet und seine Stellungnahme kennt. An der Antwort kann man abschätzen, wie sehr es gelungen ist, sich auf den anderen einzustellen und seine Sicht der Dinge zu verstehen. Erst wenn wir erkennen, wie der andere denkt, können wir unsere Ideen so formulieren, dass wir verstanden werden.

Übung

Normalerweise erfassen wir Situationen mit unseren fünf Sinnen. Meistens aber sind uns ein oder zwei Sinne besonders vertraut. Wir verlassen uns auf sie. Finden Sie heraus, mit welchem Wahrnehmungskanal Sie bevorzugt arbeiten.

Vergeben Sie für jede der Aussagen auf den folgenden Seiten Punkte:

- *3 Punkte: trifft voll zu*
- *2 Punkte: trifft zu*
- *1 Punkt: trifft selten zu*

Zählen Sie abschließend Ihre Punkte für jedes Sinnessystem zusammen. Meistens erzielt ein System die Mehrzahl der Punkte. Manchmal schneiden auch zwei Systeme gleichwertig ab.

1. Wenn ich an einen netten Kollegen oder Freund denke,	**Punkte**
a) sehe ich in erster Linie ein geistiges Bild vor meinem Auge (sehen).	
b) höre ich seine Stimme oder beschreibe ihn innerlich (hören).	
c) verspüre ich ein angenehmes Gefühl und denke an schöne gemeinsame Erlebnisse (fühlen).	

2. Wenn ich eine Entscheidung treffe, dann	**Punkte**
a) orientiere ich mich an meinem Gefühl (fühlen).	
b) suche ich die Lösung, die am besten klingt und die ich in einer Diskussion mit mir selbst am besten vertreten kann (hören).	
c) wähle ich die Lösung, die ein klares Bild für mich ergibt (sehen).	

3. Um mich selbst zu motivieren,	**Punkte**
a) rede ich mir selbst Mut und Kraft zu (hören).	
b) bringe ich mich körperlich in einen positiven Zustand (fühlen).	
c) stelle ich mir meinen Erfolg bildlich vor (sehen).	

4. Um Sachverhalte besser zu behalten,	**Punkte**
a) zeichne ich ein Diagramm oder eine Tabelle (sehen).	
b) übe ich den Lernstoff anhand praktischer Beispiele ein und probiere ihn aus (fühlen).	
c) diskutiere ich den Stoff mit mir selbst und lerne ihn auswendig (hören).	

5. An einem guten Lehrer oder Mentor schätze ich am meisten	**Punkte**
a) seine Stimme und seine Art, die Dinge zu formulieren (hören).	
b) seine bildliche Darstellung der Fakten (sehen).	
c) eine Darstellung, die viele Beispiele nutzt und mich gefühlsmäßig anspricht (fühlen).	

Addieren Sie die Punkte:
Sehen: _____
Hören: _____
Fühlen: _____

Übung

Im Konfliktfall neigt man dazu, weniger wahrzunehmen als in stressfreien Situationen. Überlegen Sie, mit welchem Sinn Sie bevorzugt in und an Konflikte denken. Spüren Sie in erster Linie das Unbehagen? Sehen Sie den Konfliktpartner und werden wütend oder traurig, oder hören Sie den Dialog, den Sie führten, und überlegen, wie Sie außerdem hätten reagieren können?

_____

_____

_____

_____

Unabhängig davon, welche Wahrnehmung in Ihren Erinnerungen dominiert, kann es hilfreich sein, die anderen Sinne bewusst zu reaktivieren. Oft kommt man dann auf neue Lösungen. Falls Sie also in erster Linie das Gefühl erinnern, dann fragen Sie sich: Was gab es in dieser Situation zu sehen und zu hören? und umgekehrt. Reaktivieren Sie mit Hilfe von Fragen Ihre Erinnerung so lange, bis Sie wieder über eine vollständige Szene verfügen. Lassen Sie sie auf sich wirken und warten Sie auf neue Ideen und Einsichten, die Ihnen diese vollständige Erinnerung ermöglicht.

Die verschiedenen Positionen erkennen

Gehen wir davon aus, dass wir nicht das wahrnehmen, was „objektiv" um uns herum passiert, sondern unsere Wahrnehmung immer aufgrund unserer Vorerfahrungen, Einstellungen und Erwartungen interpretieren. Daher ist es mehr als verständlich, dass jeder Konfliktpartner eine andere Sicht des Konfliktes haben muss. Zwei Menschen können die gleiche Situation nicht identisch wahrnehmen und beurteilen. Es liegt in der Natur der Sache, dass es Unterschiede gibt.

Jeder Konfliktpartner sieht die Dinge anders

> **Zwei Menschen haben immer zwei verschiedene Sichtweisen.**

Aus diesem Grund ist es sehr hilfreich, wenn man sich im Konfliktfall darum bemüht, die Sachlage mit den Augen des anderen zu betrachten. Wie nimmt sie oder er den Konflikt wahr? Aus dieser Perspektive entdecken wir oft

Den Konflikt aus der Sicht des Partners sehen

25

ganz neue Gesichtspunkte. Gehen Sie dann wieder zu Ihrer eigenen Perspektive zurück und überlegen Sie, wie die beiden Wahrnehmungen unter einen Hut zu bringen sind.

Den Konflikt aus der Sicht eines Dritten sehen Hilfreich für diese Art, den Konflikt zu bearbeiten, ist es auch, sich in die Position hineinzuversetzen, die ein unabhängiger Dritter zu dem Konflikt haben könnte. Wie wirken die beiden Konfliktpartner auf einen Unbeteiligten? Was haben die beiden übersehen? Was könnten sie besser machen? Diese Perspektive hilft, von den eigenen Gefühlen Abstand nehmen zu können.

Die verschiedenen Perspektiven eines Konfliktes

Betrachten wir die drei Positionen anhand eines Beispiels. Ein Personalentwickler hat im letzten Jahr ein Forum ins Leben gerufen, bei dem sich Fach- und Führungskräfte austauschen können. Das Forum ist auf breite Akzeptanz gestoßen, da Probleme fachübergreifend diskutiert werden können. Viele Ideen wurden bereits gewinnbringend umgesetzt. Für diese Leistung möchte der Personalentwickler eine angemessene Gehaltserhöhung. Sein Vorgesetzter ist durchaus seiner Meinung und verspricht ihm im nächsten Quartal eine Erhöhung um 350 DM. Der Personalentwickler ist betrübt, denn seiner Meinung nach ist sein Einsatz zu niedrig bewertet worden.

Beispiel

Ein Blick in die Lage des Vorgesetzten würde ihm verdeutlichen, dass dieser im laufenden Jahr nur 700 DM Gehaltserhöhungen gewähren darf. In seiner Abteilung sind aber weitere Mitarbeiter, die Außergewöhnliches geleistet haben und auf eine Anerkennung warten. Ein Kollege hat beispielsweise ein Buch über die Personalentwicklungskonzepte veröffentlicht und so die Abteilung in der Fachpresse ins Gespräch gebracht. Ein anderer hat zwei neue Trainerleitfäden für ein innovatives Führungskonzept entwickelt und erwartet ebenfalls eine Anerkennung.

Die dritte Perspektive auf die Gesamtsituation zeigt außerdem, dass das Unternehmen unter einem enormen Kostendruck steht. Die Führungskräfte sind angewiesen, keinem Mitarbeiter mehr als 250 DM Erhöhung zu gewähren.

Dass der Mitarbeiter trotz allem die Hälfte des zur Verfügung stehenden Kuchens erhält, könnte ihn froh stimmen. Der Vorgesetzte scheint – im Rahmen seiner

Möglichkeiten – sehr bemüht, seine Leistung anzuerkennen. Die Bewertung der 350 DM verändert sich, wenn man den Blick von seiner individuellen Lage wegführt und die Gesamtsituation mit Hilfe der drei Perspektiven betrachtet.

Übung

Üben Sie in unkritischen Situationen bewusst den Perspektivwechsel ein, damit Sie diese Fähigkeit in schwierigen Situationen zur Verfügung haben. Wenn Sie einem Gespräch zuhören und nicht direkt beteiligt sind, dann überlegen Sie, welche Ziele Person A verfolgt. Welche Gefühle spielen eine Rolle? Reflektieren Sie das Gleiche für Person B. Und dann beobachten Sie die beiden aus Ihrer unbeteiligten dritten Perspektive. Welche Unterschiede können Sie feststellen? Sind die beiden Beobachteten im Gespräch miteinander oder reden sie aneinander vorbei? Was könnten sie tun, um sich noch besser zu verständigen?

Perspektivwechsel bringt neue Ideen und mehr Verständnis für die Situation des anderen.

Essentials

- *Wir bestimmen bewusst und unbewusst, was wir wahrnehmen.*
- *Erfahrung, Einstellung und Erwartung steuern die Wahrnehmung.*
- *Unser Vorwissen kann unsere Wahrnehmung beeinträchtigen. Wir verarbeiten zwar schneller, nehmen aber wenig Neues auf.*
- *Neugier erhält die Offenheit.*
- *Wenn man Konflikte aus der Perspektive seines Gegenübers und aus der Perspektive eines unabhängigen Dritten betrachtet, gewinnt man neue Einsichten.*

Typologie des Konflikts: Die vier häufigsten Konfliktursachen

Digitalisierungen

Gleiches Wort – andere Interpretation

Was für den einen noch grün ist, ist für den anderen schon blau. Was für den einen noch rosa ist, ist für den anderen schon rot. Und das ist nicht nur bei der Farbwahrnehmung so. Wir sagen ein Wort und meinen etwas ganz Bestimmtes damit. Unser Gegenüber sagt dasselbe Wort und meint auch etwas Bestimmtes damit. Im Glücksfall meinen wir das Gleiche – im Normalfall nicht.

> Den Begriff „Digitalisierung" nutzte Paul Watzlawick, um zu verdeutlichen, dass wir mit Sprache versuchen, Gedanken und Gefühle auszudrücken. Einerseits verfügen wir nur über begrenzte sprachliche Möglichkeiten, andererseits ist unser Denken und Fühlen aber sehr differenziert. Deshalb reduzieren (digitalisieren) Worte die Information, und jeder Mensch interpretiert die Worte anders.

Beispiel

Sie stehen mit Ihrem Partner im Möbelhaus vor dem gleichen Tisch. Ihr Partner sagt: „Der Tisch gefällt mir", und denkt dabei: „Er ist so schön groß." Sie antworten: „Mir gefällt er nicht", und denken: „Im Wohnzimmer sollte lieber ein runder Tisch stehen." Sie und Ihr Partner beziehen sich auf den gleichen Tisch – Sie digitalisieren das, was Sie sehen, mit dem gleichen Wort. Hier ist kein Missverständnis möglich.

Aber was heißt schon „gefallen"? Vielleicht erwidert Ihr Partner auf Ihre Antwort: „Gut, dann suchen wir einen kleineren", und Sie fragen sich, wie er darauf kommt, dass Sie gerne einen kleineren Tisch hätten. So verstehen Sie sich einerseits, andererseits aber auch nicht. Es gibt keinen Zweifel, über welchen Tisch Sie sprechen, aber es gibt durchaus Fragezeichen bei den Kriterien, die der Wunschtisch erfüllen muss. Um wie viel eher muss es zu Missverständnissen kommen, wenn es um komplexere Themen geht!

> Wir verstehen uns immer ein bisschen und ein bisschen nicht.

Denken Sie einmal an das letzte Treffen mit Kollegen oder Freunden. Beschreiben Sie nun für jemanden, der die Gruppe kennt, aber bei den gemeinsamen Stunden nicht anwesend sein konnte, den Raum, die Atmosphäre, sprechen Sie über die Themen und die Ergebnisse des Treffens. Sie werden sicher sehr viele Details nennen und dennoch: Wenn ein anderer Teilnehmer über das gleiche Zusammentreffen berichten würde, sähe das Ergebnis sicherlich anders aus. „Nein, nein", werden Sie bei seiner Beschreibung denken, „das war doch ganz anders."

Ereignisse werden unterschiedlich erlebt

Was immer wir auch sagen: Wir müssen damit rechnen, dass der Gesprächspartner etwas anderes versteht.

Mit Sprache versuchen wir, unsere Gedanken und Gefühle mitzuteilen. Da wir sehr differenziert denken und fühlen, die Sprache aber verhältnismäßig wenig Begriffe

Die Grenzen der Sprache

31

zur Verfügung stellt, entsteht hier ein Informationsverlust. Das Gesagte ist immer nur die bestmögliche Annäherung an das Gemeinte – es ist eine „Digitalisierung",
der Versuch, etwas Komplexes mit einfachen Zeichen
(Worten) zu übermitteln. Und weil das so ist, sagen Ma-
nager internationaler Unternehmen in Teamsitzungen zu
ihren Mitarbeitern: „Don't do what I say, do what I
mean." Wir denken über etwas nach und fassen es in
Worte, aber unser Gegenüber versteht etwas anderes: Er
tut das, was er aus unserem Gesagten interpretiert, nicht
das, was wir meinten. Kann er auch gar nicht. Denn er
versteht das Gehörte aufgrund seiner Erfahrungen und
seiner Erwartungen.

> **Was wir sagen ist immer nur eine Annäherung an
> das Gemeinte.**

Sagen und Verstehen ist zweierlei

Weil wir zwangsläufig Komplexes vereinfachen, missver-
stehen wir uns. Unser Sprachcode ist begrenzt. Es steht
nicht für jede gemeinte Nuance ein Wort zur Verfügung,
weil es gar nicht so viele Wörter gibt. Im Duden finden
sich 115.000 Stichwörter. Man schätzt, dass wir aktiv zwischen 2.000 und 20.000 Begriffe verwenden. Die restli-
chen 95.000 bis 113.000 Begriffe verstehen wir zwar,
haben sie aber nicht im aktiven Wortschatz. Selbst wenn
wir alle 115.000 Wörter nutzen würden, reichte das immer noch nicht aus, um all das, was wir denken und fühlen, so zu beschreiben, dass der Gesprächspartner genau
versteht, was wir meinen. Denn auch er fasst sein inneres
Erleben mit Worten zusammen und interpretiert das Gehörte vor dem Hintergrund seiner Erfahrungen. In Gesprächen ergibt sich deswegen die Situation, dass nur ein
kleiner Teil des Gesagten auch verstanden wird.

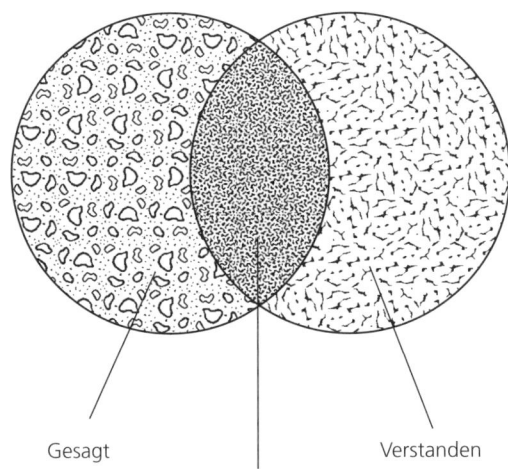

Gesagt | Verstanden

Kommunikation ohne Missverständnisse

**Das Gesagte und das Verstandene überschneiden
sich nur zu einem kleinen Teil.**

Der Überschneidungsbereich ist manchmal größer und
manchmal kleiner, je nachdem, wie gut wir unseren
Gesprächspartner kennen. Meistens ist er aber kleiner, als
wir annehmen.

Diese unterschiedliche Art die Dinge aufzunehmen führt
in manchen Fällen zu Konflikten. Treffen Sie beispielsweise in einem Meeting einen Kollegen, der tags zuvor
eine Präsentation hielt, die Ihnen gefiel, und kommentieren laut: „Ihre Präsentation war wirklich schön und hat
mir gut gefallen", dann kann der Kollege das freundlich
gemeinte Lob je nach innerer Einstellung und Verfassung
unterschiedlich aufnehmen. Er könnte:

**Verschiedene
Möglichkeiten,
Gesagtes zu
interpretieren**

1. sich freuen, nicken und sich bedanken;
2. erwarten, dass Sie ihn um etwas bitten wollen und
   das Lob nur vorausschickten, damit er nicht ablehnt;

3. sich ärgern, da er der Auffassung ist, dass Kollegen einander nicht loben sollten;

4. ebenfalls ein Lob aussprechen, da er der Meinung ist, Sie erwarten Ihrerseits eine Anerkennung;

5. sich peinlich berührt zeigen und versuchen, das Lob abzuschwächen: „So gut war es gar nicht. Ich hatte kaum Zeit mich vorzubereiten.", usw.

Wir interpretieren entsprechend unseren eigenen Mustern

Es gibt sicher noch sehr viel mehr Reaktionsmöglichkeiten. Und das schon bei dieser vergleichsweise einfachen kurzen Unterhaltung. Auch und gerade dann, wenn der Sprecher meint, dass keine Missverständnisse möglich sind, entstehen viele Unstimmigkeiten. In der Regel interpretieren wir das Gehörte so, wie wir es für richtig halten, ohne zu überlegen, was der andere gemeint haben könnte – und umgekehrt. „Ich würde mich über ein solches Lob freuen", denken wir und setzen voraus, dass sich der Kollege auch freut. Wir vergessen, wie der andere denkt und fühlt. Dieses starke Bezogensein auf die eigenen Interpretationsmuster stiftet schon in diesem einfachen Fall Verwirrung.

> **Wir schließen von unserer Meinung und unserem Empfinden gerne auf andere.**

Verstehen ist eher die Ausnahme

Im Büro, in der Familie und im Freundeskreis geht es meistens um vielschichtigere Themen. Wen wundert es, dass es täglich von Missverständnissen wimmelt und Konflikte an der Tagesordnung sind? Eigentlich müssten wir uns immer dann außergewöhnlich freuen, wenn die Kommunikation einwandfrei gelingt. Denn unterschiedliche Interpretationen derselben Fakten sind eine enorme Quelle für Unstimmigkeiten.

Aber es gibt auch das gegenteilige Phänomen. Wenn man gut aufeinander eingestimmt ist und viele Erfahrungen teilt, dann versteht man sich manchmal mit wenigen Worten:

„Hat der Dings angerufen?"   **Beispiel**
„Ja."
„Und?"
„Wie besprochen."
„Hab ich befürchtet. Und jetzt?"
„Wir könnten doch ..."
„Genau! Gute Idee!"

Für Außenstehende ist eine solche Kommunikation kaum zu entschlüsseln. Aber die Beteiligten scheinen sich gut zu verstehen. Natürlich wissen wir nicht, ob das auch tatsächlich so ist.

Übung

Überlegen Sie, welche Begriffe und Floskeln Sie am Arbeitsplatz und in der Familie bevorzugt verwenden (z.B. „Ich bringe Ihnen das gleich wieder" oder „Bis nachher" etc.). Was verstehen Sie unter „gleich" oder „nachher", und was könnte der andere darunter verstehen? In welchen Digitalisierungen entdecken Sie eine Quelle für Missverständnisse? Wie könnten Sie sich klar ausdrücken, um Missverständnissen vorzubeugen? Was verstehen die jeweiligen Gesprächspartner unter diesen Begriffen?

Digitali-sierung	Ich meine damit:	Partner versteht	alternative Formu-lierung
Beispiel: „gleich"	2 Stunden	10 Minuten	2 Stunden

Was können Sie tun?

Kommunikation löst Konflikte Wie so oft bei Konflikten können wir am besten zu einer Klärung kommen, wenn wir miteinander reden. Hilfreich ist es im Vorfeld, wenn wir überlegen, welche Schlüssel-begriffe im Konflikt gefallen sind oder von welchen Worten wir glauben, dass beide Parteien sie unterschied-lich interpretieren. Wir vergrößern die Schnittmenge des übereinstimmenden Verstehens, wenn wir bereit sind, uns auf die Gedanken- und Gefühlswelt des Gegenübers einzulassen. Das ist gar nicht so einfach, wenn man sich gerade streitet. Aber genau dann besonders effektiv.

Beispiel Was meint der Chef, wenn er sagt: „Kommen Sie doch bitte nachher einmal in mein Büro?" Meint er in fünf Minuten, meint er in zwei Stunden oder am Nachmittag?

Vermeiden Sie aktiv Missverständnisse, indem Sie freundlich zurückfragen: „Wann genau ist es Ihnen am liebsten?"

Viel zu oft gehen wir davon aus, dass wir schon wissen, wie es der Gesprächspartner gemeint hat. Verlassen Sie sich nicht darauf, dass der andere denkt und fühlt wie Sie. Prüfen Sie Ihre Vermutungen immer wieder.

Ein Mitarbeiter hat seinen Vorgesetzten um einen Gesprächstermin gebeten. Der Mitarbeiter ist der Auffassung, dass der Chef mit seinen bisherigen Leistungen zufrieden ist, und möchte nun, nach zwei Jahren guter Arbeit, um eine Gehaltserhöhung bitten. Für den Vorgesetzten kommt diese Bitte überraschend:

Ein weiteres Beispiel

„Sie waren mit meinen Leistungen in den letzten zwei Jahren immer zufrieden."
„Ja, so kann man das sagen, ich war zufrieden."
„Ich freue mich, dass Sie meine Arbeit hervorragend finden und so zu schätzen wissen. Deswegen möchte ich um eine Gehaltserhöhung bitten."
„Wie kommen Sie darauf, dass ich Leistungen mit ‚hervorragend' bewerte?"
„Immer, wenn ich etwas ausgearbeitet habe, kommentieren Sie mit ‚gut' oder ‚o.k.'. Ich bin davon ausgegangen, dass Sie sehr zufrieden sind."
„Zufrieden war ich immer mit Ihren Leistungen. Aber unter hervorragender Arbeit verstehe ich etwas anderes."

Die Gesprächspartner kommen hier nur weiter, wenn sie genauer über die Wahl der Worte sprechen. Sie haben ja bereits damit begonnen. Was ist der Unterschied zwischen einer guten und einer hervorragenden Leistung? Wann ist eine Gehaltserhöhung gerechtfertigt? Welche

Die Wortwahl gemeinsam abklären

Leistungen sind überdurchschnittlich? Stimmen Sie die
Wortwahl miteinander ab: „Also, wenn Sie ‚gut' sagen,
dann meinen Sie ..." Überlegen Sie abschließend auch, wie
Sie zukünftig mit diesen Konflikten umgehen möchten.

Treffen Sie eine möglichst konkrete Vereinbarung, damit
beide Seiten wissen, wie nun weiter vorgegangen wird.
Sprechen Sie auch darüber, was passiert, wenn die Vereinbarung nicht eingehalten wird.

Essentials

- *Wenn wir sprechen, stellen wir unsere Gedanken und Gefühle verkürzt dar, denn wir nutzen
  eine begrenzte Anzahl von Ausdrucksmöglich-
  keiten.*
- *Wenn wir Gedanken und Gefühle in Worte fassen, entsteht immer ein Informationsverlust.*
- *Ein Konflikt kann sich an bestimmten Schlüssel-
  begriffen festmachen.*
- *In Konflikten kann es hilfreich sein, sich diese
  Phänomene bewusst zu machen.*

Drehbücher der Erfahrung

**Netzwerke des
Wissens und der
Erfahrung**

Gedächtnisforscher stellten fest, dass das Wissen und die
Erfahrungen, über die ein Mensch verfügt, in so genann-
ten „flexiblen Netzwerken" im Gehirn gespeichert sind.
In diesem Netzwerk sind alle Informationen miteinander
verbunden und in thematischen Gruppen organisiert.
Wenn wir uns mit jemandem über ein bestimmtes Thema unterhalten, dann aktivieren wir einen besonderen
Ausschnitt aus diesem Netzwerk. Dieser aktivierte Teil
wird „*Drehbuch*" oder „*Skript*" (von engl. „script")
genannt. In einem Netzwerkteil sind also nicht nur in-

haltliche Informationen gespeichert. Wir finden hier alle Details, die wir benötigen, um uns eine Szene oder eine Handlung wieder in Erinnerung zu rufen.

Beispielsweise hat jemand mit jahrzehntelanger Führungserfahrung andere Vorstellungen von einem Führungsalltag als jemand, der seinen ersten Tag als Gruppenleiter vor sich hat. Das Wissen und die Erfahrungen prägen, was wir von einer Situation und von anderen Menschen erwarten. So wird die junge Führungskraft viele Dinge anders anpacken als der erfahrene Chef und auch eine andere Vorstellung davon entwickeln, wie sich kooperatives Verhalten zeigt.

Erfahrungen prägen Erwartung

Erfahrung prägt Einstellung und Verhalten.

In einem Drehbuch finden sich ganze Aktionspläne für eine Situation. Das am meisten erforschte Drehbuch ist das so genannte Restaurant-Skript. Wenn Sie mit einem Freund oder einem Kollegen ein Restaurant besuchen, laufen bestimmte Dinge immer wieder gleich ab. Sie aktivieren Ihr Restaurant-Skript und wissen, wie Sie sich verhalten sollen: Sie gehen in das Restaurant hinein, suchen einen Tisch, setzen sich hin und warten auf den Kellner. Der Kellner bringt Ihnen die Speisekarte und nimmt bereits die Getränke auf. Sie wählen ein Gericht aus, bestellen und warten auf das Essen. Nach dem Essen wählen Sie noch einen Nachtisch oder eine Tasse Kaffee. Schließlich bitten Sie um die Rechnung, bezahlen und verlassen das Restaurant.

Das Restaurant-Skript

Mit diesem Skript finden wir uns in jedem Restaurant zurecht und jeder Kellner weiß, dass wir die Speisekarte erwarten, wenn wir uns einen Platz ausgesucht und gesetzt haben.

Die Grenze der Drehbücher

Dieses Drehbuch funktioniert so lange, bis Sie auf ein Restaurant treffen, das anders organisiert ist, und Sie folglich ein anderes Drehbuch brauchen. In den USA ist es beispielsweise so, dass man im Eingangsbereich stehen bleibt, bis einem vom Kellner ein Platz zugewiesen wird. Das gilt auch für amerikanische Restaurants in Deutschland. Da wir ein anderes Drehbuch verinnerlicht haben, kann man immer wieder beobachten, dass Gäste in diese Restaurants hineinlaufen und sich selbständig einen Platz suchen. Das geschieht auch dann, wenn im Eingangsbereich ein großes Schild mit der Aufschrift hängt: „Please wait until you are seated." In unserem Drehbuch ist hierfür kein Platz vorgesehen, also sind wir geneigt, dieses Schild einfach zu übersehen.

> **Ein Drehbuch hilft, uns im Leben zurechtzufinden, und es strukturiert unser Wissen und unsere Erfahrungen. Es orientiert uns darüber, welche Verhaltensweisen in welchen Situationen erwartet werden. Drehbücher machen bestimmte Ereignisse und Abläufe vergleichbar, da sie sie systematisieren und konzeptualisieren.**

Drehbücher bestimmen Handlungsweisen

Drehbücher werden im Laufe des Lebens entwickelt, täglich überprüft und neuen Gegebenheiten angepasst. Jedes aktuelle Drehbuch ist das vorläufige Endprodukt unserer Lebensgeschichte. Es versetzt uns in die Lage, Ereignisse zu verstehen und angemessen zu handeln, obwohl wir oft nur über unzureichende Informationen verfügen. Bittet beispielsweise ein Mitarbeiter um einen Gesprächstermin, dann wissen wir, dass er ein ungestörtes Vier-Augen-Gespräch sucht und dass es sich um ein Thema handelt, das ihn beschäftigt. Wir wissen auch, dass wir baldmöglichst einen Gesprächstermin finden sollten. Alle diese Informationen können wir aufgrund unseres Drehbuchs aus der Bitte um ein Gespräch schließen. Wir brauchen den Mitarbeiter nicht zu fragen, ob es wichtig ist, unter vier Augen zu sprechen, wir das Telefon umleiten sollten usw. Diese Annahmen ermöglichen es uns, Interpretationen zu vollziehen, die über unsere direkten Sinneserfahrungen hinausgehen. Sie helfen auch, einen Weg in unklaren Situationen zu finden.

> Drehbücher helfen, fehlende Informationen zu erschließen.

Festgeschriebene Drehbücher – und das sind die meisten, wenn sie über vielfältige Alltagserfahrungen bestätigt sind – können unsere Wahrnehmungsfähigkeit auch einschränken und damit Konflikte produzieren. Genau wie wir das Schild „Please wait until you are seated" nicht wahrnehmen, wenn wir es nicht erwarten, sehen, hören und verstehen wir in einer Situation nicht immer alles, was es zu sehen, hören und zu verstehen gibt. Wir nehmen selektiv wahr und interpretieren hinzu, was wir für sinnvoll halten. Unsere Wahrnehmung wählt aufgrund der Drehbücher bestimmte Aspekte aus und ignoriert andere Informationen. Drehbücher lenken unbewusst das geistige Auge. Wir bemerken nicht, was wir alles übersehen. Drehbücher fungieren als Wächter zum Bewusstsein: Sie steuern unsere Wahrnehmung, ohne dass uns bewusst ist, was darin steht.

Potenzielle Konflikte

41

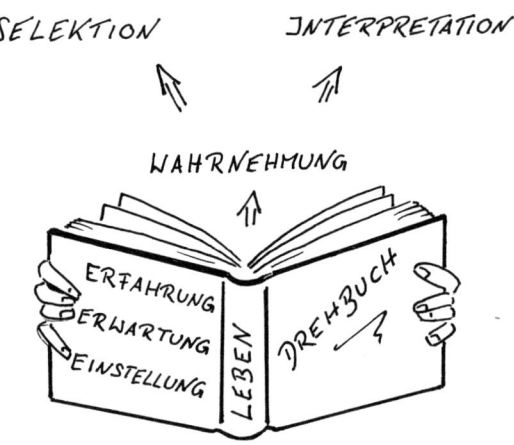

Drehbücher steuern die Wahrnehmung

Begrenzung der Aufnahmekapazität Je mehr man über eine Sache weiß, je komplexer das Drehbuch ist, umso weniger nimmt man von dem wahr, was wirklich passiert. Der reiche Erfahrungsschatz begrenzt die Aufnahmefähigkeit. Steht man einer Situation unvoreingenommen gegenüber – also mit kindlichen Augen –, dann bemerkt man viel mehr Einzelheiten. Fährt man beispielsweise jahrelang die gleiche Strecke mit dem Auto zum Büro, dann weiß man genau, an welchen Stellen man Vorfahrt hat. Jemand, der diese Strecke zum ersten Mal fährt, nimmt jede Beschilderung hingegen bewusst wahr. Routinierten Fahrern aber fallen oft Änderungen der Vorfahrt nicht auf.

Starre Drehbücher machen unflexibel Zu den verschiedensten Situationen im Leben haben wir Drehbücher archiviert. Die Art und Weise, wie sie geschrieben sind, bestimmt unsere innere Flexibilität. Starre Drehbücher machen uns in bestimmten Situationen handlungsunfähig und produzieren so Konflikte. Sie geben uns zwar einerseits Orientierungspunkte, machen unser Verhalten aber andererseits unbeweglich.

42

Konflikte entstehen vor allem dann, wenn zwei Menschen miteinander interagieren, die über unterschiedliche Drehbücher zum gleichen Sachverhalt verfügen. Unterschiedliche Drehbücher können Beziehungs- und Rollenkonflikte produzieren. In einem Beziehungskonflikt finden wir die Verhaltensweisen eines anderen unangemessen, da in unserem Drehbuch aufgrund unserer Erfahrungen andere Verhaltensmuster verzeichnet sind. Beispielsweise kann ein Mitarbeiter der Auffassung sein, dass die Kollegen erst an die Tür klopfen sollen, wenn sie in seinem Zimmer eine Information wünschen. Das „Hereinplatzen" findet er unhöflich und fühlt sich in seinem Arbeitsprozess gestört. Ein anderer Kollege sieht das nicht so. Er meint, unter Kollegen müsse man einfach so hereinkommen dürfen; er findet Anklopfen unpersönlich.

Unterschiedliche Drehbücher können Konflikte heraufbeschwören

Die Kunst in solchen Situationen besteht darin, ohne Wertung die Andersartigkeit des Drehbuchs festzustellen und einen Schritt aufeinander zuzugehen. Schließlich ist keines der beiden Drehbücher „besser" oder „richtiger". Jeder hat sein Drehbuch aufgrund seiner Erfahrungen geschrieben. Das Drehbuch hat für ihn Gültigkeit. Da nun unterschiedliche Vorstellungen vorliegen, sollten die Beteiligten miteinander sprechen. Entweder einer der beiden ist so flexibel, dass er sein Drehbuch umschreiben kann, oder aber die beiden lernen, ihre Unterschiede gegenseitig zu respektieren.

Über unterschiedliche Vorstellungen sprechen

Genauso ist es in einem Rollenkonflikt. In den meisten Fällen tritt er dann auf, wenn jemand seine Rolle wechselt, beispielsweise wenn ein Kollege Abteilungsleiter wird. Die Rollen von Chef und Mitarbeiter müssen neu geschrieben werden und das ist gar nicht so einfach. Man kann nicht mehr wie vorher miteinander umgehen, aber

Rollenkonflikte

wie man zukünftig aufeinander zugehen soll, ist ebenfalls unklar. Es gibt auf beiden Seiten kein zuverlässiges Drehbuch. Beide Parteien werden Schritte wagen und prüfen, wie das neue Verhalten ankommt. So etablieren sich nach und nach neue Drehbücher und es bilden sich wieder verlässliche Verhaltensregeln heraus.

Übung

Reflektieren Sie immer wieder Ihre Drehbücher. Was meinen Sie, wie bestimmte Dinge abzulaufen haben? Wählen Sie ein Drehbuch, bei dem Sie vermuten, dass es zum Konflikt kommen könnte. Überlegen Sie, welche Informationen im Drehbuch Ihres Gegenübers stehen.

Mein Drehbuch zur Situation (z. B. Projektverlauf):

_____

_____

_____

_____

_____

Drehbuch des Projektbeteiligten XY:

_____

_____

_____

_____

_____

Was können Sie tun?

Wenn Sie sich einem Konflikt gegenübersehen, dann prüfen Sie, ob es möglicherweise aufgrund von unterschiedlichen Drehbüchern zur Auseinandersetzung gekommen ist. Vielleicht ist jeder von Ihnen beiden in einem anderen „Film"? Besprechen Sie Ihre Erfahrungen, Erwartungen und Einstellungen mit Ihrem Gegenüber.

In welchem „Film" sind Sie und Ihr Konfliktpartner?

Möchte ein Paar beispielsweise ein gemeinsames Wochenende verbringen, so hat seine Vorstellung davon zumindest den gleichen Titel „Gemeinsames Wochenende". Was im Einzelnen darunter zu verstehen ist und wie es ablaufen soll, darüber können die Erwartungen sehr unterschiedlich sein. Einer versteht darunter vielleicht: ausschlafen, Frühstück im Bett, Spaziergang, Kaffee – Kuchen – kuscheln, Musik hören, lesen und essen gehen. Der Partner hat andere Vorstellungen: früh aufstehen, Fahrradtour mit Freunden, Picknick, grillen, austoben. Es wäre ungewöhnlich, wenn es zwischen diesen beiden Personen nicht zum Konflikt käme – und das hat nichts damit zu tun, dass sie nicht zusammenpassen oder sich nicht mögen.

Unterschiedliche Erwartungen

> **Vergleichen Sie die Abläufe in Ihren Drehbüchern und respektieren Sie, dass Ihr Gegenüber andere Vorstellungen hat.**

Wenn Sie sich der Unterschiede in Ihren Erwartungen bewusst geworden sind, dann überprüfen Sie, ob es auch Gemeinsamkeiten gibt, die Ihnen als Grundlage für eine Einigung dienen können. In unserem Beispiel verfolgen beide Partner eine positive Absicht. Suchen Sie nach Lösungsmöglichkeiten oder Vereinbarungen. Vielleicht können zukünftig die Partner abwechselnd die Wochen-

Die Basis für eine Einigung finden

enden gestalten? Oder ein gemeinsames Wochenende folgt einem ganz neuen Drehbuch, das sie gemeinsam schreiben. Manchmal muss man sich gar nicht zwischen zwei Alternativen entscheiden. Es kann eine ganz neue Idee sein, die beide Parteien überzeugt. Das ist oft eine Idee, auf die jeder für sich alleine nicht gekommen wäre. Erst die Gespräche und das gemeinsame kreative Suchen nach Lösungen lässt diesen neuen Gedanken entstehen.

Eine Vereinbarung treffen

Schließen Sie Ihr Gespräch mit einer eindeutigen Vereinbarung ab. Wenn Sie nicht sicher sind, ob die gefundene Lösung tragfähig ist, dann vereinbaren Sie einen Testzeitraum. Suchen Sie nach Ablauf dieses Zeitrahmens erneut das Gespräch. Sprechen Sie über Ihre Erfahrungen und suchen Sie neue Lösungswege für die Aspekte, mit denen Sie noch nicht zufrieden sind.

Essentials

- *Unser Wissen und unsere Erfahrungen sind in thematisch sortierten Drehbüchern im Gehirn abgelegt.*
- *Drehbücher geben uns Orientierung und strukturieren das Wissen.*
- *Drehbücher legen fest, was wir aufnehmen.*
- *Im Konflikt ist es wichtig, das Anderssein des Partners zu respektieren.*
- *Beim Besprechen der verschiedenen Drehbücher entstehen oft neue, kreative Ideen.*

Sich selbst erfüllende Prophezeiungen

Voraussagbares Verhalten

Die Erfahrungen, die Menschen im Laufe ihres Lebens machen, bestimmen ihre Einstellungen und Erwartungen. Wenn wir uns auf etwas einstellen, werden wir alles dafür tun, dass sich unsere Erwartungen bewahrheiten: Sie tendieren dazu, sich zu erfüllen. Sich selbst erfüllende Prophezeiungen provozieren Verhaltensweisen, die in anderen Menschen voraussagbare Reaktionen auslösen. Wer versucht, dieses voraussagbare Verhalten auszulösen, interpretiert manchmal auch jedes beliebige andere Verhalten seines Gegenübers so, dass es mit seinen Erwartungen, Einstellungen und Erfahrungen übereinstimmt.

Dieses Konzept hat der österreichische Psychologe *Paul Watzlawick* entwickelt. Seiner Meinung nach wirken sich selbst erfüllende Prophezeiungen bewusst oder unbewusst. Wenn beispielsweise, so schreibt er, „jemand davon überzeugt ist, dass ihn niemand respektiert, wird er ein misstrauisches, abweisendes oder aggressives Benehmen an den Tag legen, auf das seine Umwelt höchstwahrscheinlich mit Unmut reagiert und damit seine ursprüngliche Annahme ‚beweist'." In gewisser Weise zwingen sich selbst erfüllende Prophezeiungen anderen Menschen Verhaltensweisen auf. Der Betreffende variiert sein Verhalten so lange, bis er endlich die Reaktion vom anderen erhält, die er unbewusst haben will.

Selbst erfüllende Prophezeiungen bestätigen sich selbst

Sich selbst erfüllende Prophezeiungen verursachen deswegen Konflikte, weil der Betreffende sein Verhalten nur als Reaktion auf das Tun der anderen Menschen ansieht, sich aber nicht bewusst ist, dass seine eigene Einstellung und sein Verhalten das Benehmen seiner Gesprächspartner erst hervorgerufen haben. Oft vertritt man dann die Auffassung, die Welt sei ungerecht und die anderen Menschen böse, ohne zu überprüfen, welchen Anteil man selbst an der Entstehung des Unbehagens oder des Konfliktes trägt.

Selbsterfüllende Prophezeiungen als Konfliktursache

Wahrnehmungs-
verstärker

Haben wir beispielsweise einen neuen Kollegen, der uns auf den ersten Blick sympathisch ist, dann tendieren wir dazu, die angenehmen Verhaltensweisen verstärkt wahrzunehmen und überzubewerten. Ist uns der Kollege auf den ersten Blick unsympathisch, dann nehmen wir unangenehme Eigenschaften verstärkt wahr. Es kann ein Konflikt entstehen, obwohl der andere ein feiner Mensch ist. Lediglich unsere negative Voreinstellung lässt uns ein besonderes Augenmerk auf seine „Fehler" legen. Bei einem Menschen, den wir sofort sympathisch finden, wären diese „Fehler" weniger gewichtig.

Zwei
Führungstheorien

Bekannt geworden sind sich selbst erfüllende Prophezeiungen auch in der Führungslehre. Ob sich eine Führungskraft der X- oder der Y-Theorie anschließt, beeinflusst ihre Erwartungen und ihre Einstellungen und damit auch das Verhalten der Mitarbeiter.

Das Denken nach
der X-Theorie

Eine Führungskraft, die die X-Theorie verinnerlicht hat, denkt etwa folgendermaßen: *„Der Mensch hat eine angeborene Abneigung gegenüber Arbeit und nutzt jede Gelegenheit, um ihr aus dem Weg zu gehen. Er sucht nach einem Vergnügen ohne Anstrengung, möchte aber für sein Nichtstun möglichst viel Geld verdienen. Jeder Mensch ist mit dem Genuss des Lebens zufrieden und hat keine eigenen Ziele. Er vermeidet es, Verantwortung zu übernehmen. Deshalb muss der Mensch unter Druck, Zwang, Strafandrohung und Kontrolle dazu gebracht werden, seinen Beitrag im Unternehmen zu leisten."*

Das Denken nach
der Y-Theorie

Anders denkt die Führungskraft, die mit der Y-Theorie sympathisiert: *„Der körperliche und geistige Einsatz in der Arbeit ist für den Menschen ebenso natürlich wie Spiel und Ruhe. Wenn der Mensch einen Sinn in seiner Arbeit erkennen kann, wenn die Ziele seiner Arbeit auch seine Ziele* *sind, dann ist er bereit, etwas zu leisten und sich selbst zu kontrollieren. Unter geeigneten Bedingungen sucht er nach Verantwortung. Der Mensch ist von Natur aus erfinderisch und kreativ.*"

Eine Führungskraft, die die X-Theorie überzeugend findet, wird ihre Mitarbeiter so lange kontrollieren und verbessern, bis diese keine Freude mehr an eigener Leistung haben. Beispielsweise muss jeder Brief von den Mitarbeitern vorgelegt werden, und der Chef wird immer etwas zu korrigieren haben, auch wenn der Brief im Grunde in Ordnung ist. Diese Korrekturen nehmen dem Mitarbeiter die Lust, sorgsam Briefe zu schreiben. Schlechte Formulierungen sind die Folge, was den Chef in seiner Annahme bestätigt: Mitarbeiter sind nicht in der Lage, sich angemessen auszudrücken. Ein Teufelskreis beginnt. Nur eines hat funktioniert: Die Führungskraft findet ihre sich selbst erfüllende Prophezeiung bestätigt.

Umgang mit Mitarbeitern nach der X-Theorie

Eine Führungskraft, die nach der Y-Theorie handelt, wird ihre Mitarbeiter fördern und fordern und ihnen einen Freiraum für kreatives Handeln geben. Sie glaubt grundsätzlich an das Gute im Menschen. Natürlich wird sie auch auf Menschen treffen, die ihre Annahmen nicht bestätigen. Aber diese wertet sie als Ausnahmen und lässt sich von ihrer grundsätzlichen Einstellung nicht abbringen.

Umgang mit Mitarbeitern nach der Y-Theorie

Führungskräfte, die nach der Y-Theorie handeln, lassen sich Briefe nur zu Beginn der Zusammenarbeit und bei unerfahrenen Mitarbeitern vorlegen. Sie korrigieren auch nur solche Dinge, die den Tatsachen widersprechen. Alles andere überlassen sie dem Ermessen des Mitarbeiters. Schließlich hat jeder einen anderen Schreibstil, der auch einen Teil seiner Persönlichkeit ausmacht.

**Die Überzeugung
lenkt das Verhalten**

Beide Führungspersönlichkeiten ernten die Früchte, die sie säen. Sie verhalten sich so, dass ihre Überzeugung wahr wird. Sie legen nicht nur ihr eigenes Skript, sondern auch ein Drehbuch über das Verhalten anderer Menschen an. Dieses für andere entworfene Drehbuch weist meist deutliche Abweichungen von dem auf, was diese Personen für sich selbst entwickelt haben. Aus dieser Differenz kann sich Konfliktpotential entwickeln.

Übung

Reflektieren Sie mögliche sich selbst erfüllende Prophezeiungen, die Ihr Denken und Handeln steuern. Wovon gehen Sie ganz selbstverständlich aus? Was glauben Sie, wie werden sich Ihre Partner verhalten?

Sich selbst erfüllende Prophezeiungen:

Überlegen Sie, ob diese Prophezeiungen Ihnen hilfreich zur Seite stehen. Inwiefern könnten Sie Ihre Wahrnehmung einschränken? Wie könnten Sie diese Einschränkungen umformulieren?

Selbst erfüllende Prophezeiung	*Umformulierung*

Was können Sie tun?

Nutzen Sie die positive Kraft sich selbst erfüllender Prophezeiungen, um Konflikten vorzubeugen. Wenn Sie bemerken, dass Sie auf einen Menschen oder auf eine Situation mit negativen Gefühlen zugehen, dann versuchen Sie zuvor, die Ursache dieser Gefühle herauszufinden. Hat Ihnen jemand etwas Kritisches erzählt? Warum geben Sie der Begegnung keine Chance? Haben Sie bereits negative Erfahrungen mit vergleichbaren Situationen gemacht?

Selbst erfüllende Prophezeiungen positiv nutzen

Haben Sie die Ursache erkannt, dann versuchen Sie, sich selbst eine neue positive Erfahrung zu ermöglichen. Überlegen Sie, warum bei dieser Begegnung etwas Neues passieren kann. „Wie man in den Wald hineinruft, so schallt es heraus", sagt der Volksmund und beschreibt damit genau dieses Phänomen. Überlegen Sie, wie Sie in den Wald hineinrufen können, damit es so herausschallt, dass Sie mit der Reaktion zufrieden sind.

Wie man in den Wald hineinruft ...

Die Bereitschaft zur Änderung

Es ist manchmal nicht ganz einfach, über seinen eigenen Schatten zu springen. Zumal man in solchen Situationen gerne die Schuld bei den anderen oder den widrigen Umständen sieht. Möchte man konsequent an selbst erfüllenden Prophezeiungen arbeiten, so gelingt das mit der Bereitschaft, die eigenen Gedanken und damit das eigene Verhalten zu verändern.

Unbewusste Prophezeiungen bewusst machen

Seien Sie darüber hinaus besonders misstrauisch, wenn andere über Dritte urteilen. Vermeiden Sie es, aufgrund von Meinungen anderer ein Drehbuch anzulegen. Versuchen Sie, Menschen möglichst vorurteilsfrei gegenüberzutreten. Auch wenn Sie Ihre Vorinformationen nicht verbal zum Ausdruck bringen, kann Ihr Gegenüber die innere, kritische oder gar abwertende Einstellung wahrnehmen. Menschen haben sensible Antennen dafür, mit welcher Grundhaltung man ihnen gegenübertritt. Konflikte werden häufig durch unflexible Gedanken und Gefühle hervorgerufen. Wenn Sie sich Ihre unbewusst wirkenden selbst erfüllenden Prophezeiungen bewusst machen, entsprechend überprüfen und berichtigen, dann können Sie vielen Konflikten vorbeugen.

> **Treten Sie anderen vorurteilsfrei gegenüber.**

Essentials

- *Sich selbst erfüllende Prophezeiungen bestätigen sich meist.*
- *Die innere Einstellung und das eigene Verhalten beeinflussen das Denken und das Verhalten anderer Menschen.*
- *Die positive Kraft selbst erfüllender Prophezeiungen kann helfen, Konflikte zu lösen.*

- *Negative selbst erfüllende Prohezeiungen können Konflikte provozieren.*
- *An den meisten Konflikten haben wir einen
  eigenen Anteil.*
- *Urteile Dritter sollten überprüft werden.*

Divergierende Ziele und Interessen

Die Voraussetzung dafür, dass Menschen erfolgreich mit-einander ins Gespräch kommen, ist die grundlegende Absicht, kooperieren zu wollen. Die Gesprächspartner möchten sich gerne miteinander verständigen. Verfolgt ein Partner nicht dieses Kooperationsprinzip, kommt es automatisch zu Missverständnissen und damit zum Konflikt.

Der Wunsch zur Kooperation

Aber der Wunsch zu kooperieren allein reicht noch nicht aus. Die Verhandlungspartner sollten auch inhaltlich ver-einbarte Ziele verfolgen. Je unterschiedlicher die Ziele sind, umso schwieriger wird die Suche nach einer Über-einkunft. Miteinander vereinbarte Ziele müssen nicht immer identisch, sondern können auch komplementär sein. Möchte beispielsweise jemand etwas kaufen, ein anderer möchte genau diesen Gegenstand verkaufen, dann erwarten wir eine erfolgreiche Kommunikation.

Gemeinsame Ziele sind nötig

Vor allem in schwierigen Gesprächen besteht der erste Schritt darin, sich zu vergegenwärtigen, inwiefern die angestrebten Ziele zusammenpassen. Mit einer Zielfusion reflektieren Sie Ihre Ziele, erfahren etwas über die Ziele des Gegenübers und können überlegen, wie Sie beide Ziele unter einen Hut bringen.

Die Zielfusion

> Denken Sie vor einem Gespräch über Ihr Ziel nach und überlegen Sie, welches Ziel Ihr Gegenüber verfolgen könnte.

Ein Beispiel aus dem Berufsleben

Nehmen wir einen Abteilungsleiter, der von seinen Mitarbeitern Klagen darüber gehört hat, dass die Zusammenarbeit zu wünschen übrig lässt. Er ist der Überzeugung, dass sich die Mitarbeiter nicht ausreichend kennen. Seiner Meinung nach wird ein näheres Kennenlernen die Zusammenarbeit automatisch verbessern. Um sein Ziel zu erreichen, beruft er ein Abteilungsmeeting ein und schlägt als sportlicher Mensch einen gemeinsamen Fußballabend im Monat vor. Er sieht im spielerischen Umgang miteinander eine gute Möglichkeit, um sich näher zu kommen. Seine Idee schreckt die meisten Anwesenden spontan ab. Plötzlich sind sich die Mitarbeiter einig und solidarisieren sich gegen ihn. Über die verbesserungswürdige Zusammenarbeit wollen sie nicht mehr sprechen.

Bei diesem Beispiel haben beide Parteien versäumt, ihr Ziel offen zu legen. Sie haben grundsätzlich dasselbe Interesse: Die Zusammenarbeit soll verbessert werden. Hätte der Abteilungsleiter überlegter gehandelt, so wäre ihm durchaus bewusst gewesen, dass er nicht einfach voraussetzen kann, ein privates Kennenlernen auf sportlicher Ebene löse das Problem. In diesem Fall wäre es wichtig gewesen, alle Betroffenen an der Lösungsfindung zu beteiligen. Er hätte über eine Zielfusion – die in diesem Fall einfach gewesen wäre – die Gruppe einstimmen und dann eine Lösung erarbeiten lassen können. Das gelingt am besten in fünf Schritten:

1. Zieldefinition und Zielfusion,
2. Interessen besprechen,
3. verschiedene Lösungsmöglichkeiten finden,
4. Lösung festlegen, die zuerst versucht werden soll,
5. Probezeitrahmen festlegen und Folgetermin vereinbaren.

Die 5 Schritte der Zielfusion

Nach der Zielfusion hätte das Team über seine Wünsche sprechen sollen. Haben alle dasselbe Interesse an privaten Kontakten? Wer möchte den Konflikt lieber auf beruflicher Ebene lösen? Wie viel Zeit soll investiert werden? Gibt es Interesse an einmaligen oder mehrmaligen privaten Unternehmungen? Usw.

Unterschiedliche Wünsche und Interessen

Nach dieser grundlegenden Abfrage der unterschiedlichen Interessen geht es an das Finden von Lösungsalternativen. Im Sinne einer Brainstorming-Konferenz wird alles aufgeschrieben, was den Beteiligten einfällt. Erst dann findet die Gruppe ihre Entscheidung.

Lösungsalternativen suchen

> **Es ist ein Irrglaube vieler Menschen zu meinen, sie könnten die Probleme anderer lösen.**

Auch Führungskräfte können immer nur Hilfen zur Lösungsfindung anbieten, indem sie beispielsweise eine solche Besprechung moderieren. Die Lösung sollten die Beteiligten selbst finden. Als Moderator kann man versuchen, durch Fragen den kreativen Prozess anzuregen. Es ist aber meistens besser, sich nicht inhaltlich einzumischen. Menschen empfinden diejenige Lösungsalternative als am besten, die ihnen selbst eingefallen ist oder die sie mitentwickelt haben. Wir lassen uns nur ungern auf vorgefertigte Ideen von anderen ein – auch wenn sie gut und durchdacht sind.

Moderation der Lösungsfindung

Ziele aller Beteiligten abklären

Zielfusion und das Einbeziehen der unterschiedlichen Interessen erfordert viel Offenheit, Kreativität und Erfindungsgeist. Dieses Verfahren führt in der Regel aber zu besseren und zufriedenstellenderen Ergebnissen, als wenn wir direkt eine Lösung ansteuern, ohne über Ziele und Interessen aller Beteiligten gesprochen zu haben.

Konflikte durch mangelnde Berücksichtigung verschiedener Interessen

Häufig nehmen Konflikte einfach ihren Lauf, ohne dass Ziele und Interessen berücksichtigt werden. Manchmal ist sogar der Konflikt selbst das Ziel. Man möchte dem anderen einfach klarmachen, dass man nicht mit ihm zusammenarbeiten kann. Vielleicht möchte man auch nur seiner Wut oder seiner Enttäuschung Ausdruck verleihen. Ein Vorwurf folgt auf den anderen, und am Ende knallt eine Tür oder Tränen fließen.

Disziplin

Die erfolgreiche Lösung eines Konfliktes erfordert auch Disziplin: sich nämlich konsequent mit zukunftsorientierten Zielen, Interessen und Lösungsmöglichkeiten zu beschäftigen, ohne sich von der Welle der vergangenheitsorientierten Vorwürfe wegschwemmen zu lassen. Beide Konfliktparteien tragen die Verantwortung dafür. Natürlich ist es viel einfacher zu überlegen, warum der andere die Schuld trägt und man selbst nichts dafür kann. Diese Überlegungen führen allerdings weg von einer Übereinkunft.

Konflikte kosten viel Energie. Energie, die nicht verpufft, wenn beide Parteien sie dafür investieren, eine konstruktive Lösung zu erarbeiten. Das Grundprinzip lautet:

> **Nicht die Fehler des anderen suchen (wir haben selbst genug davon), sondern kreativ auf Lösungen konzentrieren.**

Gerade wenn einem etwas besonders am Herzen liegt, besteht die Gefahr, sich innerlich zu verkrampfen. Diese innere Unbeweglichkeit verstellt den Blick für nahe liegende Lösungen. Erst wenn man wieder loslassen und seine Position mit Distanz betrachten kann, ist man in der Lage, außergewöhnliche Lösungen zu entdecken. Mit bewährten Ideen fühlen wir uns zunächst oft wohler, denn wir wissen, wie sie funktionieren, und kennen auch die Konsequenzen. Neue Wege bergen immer neue Gefahren, aber sie können auch zur persönlichen Weiterentwicklung beitragen. Haben Sie den Mut, einmal etwas Neues zu erproben. Mehr als schief gehen kann es nicht.

Loslassen führt zu Lösungen

In einer Familie entwickelte sich beispielsweise das tägliche, gemeinsame Abendessen zu einem Fiasko. Die Kinder konnten sich nicht vom Spiel trennen, aßen zu wenig, alberten herum und wenn alles wieder im Kühlschrank stand, hatten sie plötzlich Hunger. Den Eltern war aber dieser gemeinsame Teil des Abends sehr wichtig. Sie wollten beim Essen mit den Kindern sprechen, sich über den Tag austauschen und so ihr Familienleben pflegen. Entgegen dieser Vorstellung wurde das Familienessen zum Kampf. Die Eltern waren traurig und ratlos. Sie sprachen mit den Kindern und nahmen deren Idee auf, das Abendessen ausfallen zu lassen. Das Essen könne in der Küche stehen, meinten die Kinder, und jeder hole sich etwas, wenn er nach Hause komme und Appetit habe. Reden könne man ja vor dem Einschlafen miteinander. Den Eltern fiel es schwer zuzustimmen, aber sie wollten es ausprobieren, da die gegenwärtige Lage unerträglich wurde. Allerdings hielten sie die Gespräche vor dem Schlafengehen so kurz wie möglich oder ließen sie ausfallen. Schon nach ein paar Tagen klagten die Kinder die fehlende abendliche Gemeinsamkeit ein und planten selbst ein gemeinsames Abendessen.

Ein Beispiel aus dem Familienleben

Auf andere eingehen Wir können andere nicht zwingen, unseren Vorstellungen zu entsprechen. Wenn wir klug sind, gehen wir so lange auf sie ein, bis sie selbst Ideen entwickeln, die unseren nahe kommen. Manchmal funktioniert das nicht. Dann aber hätten wir auch mit anderen Mitteln nichts erreichen können. Versuchen wir, Druck auszuüben, erhalten wir in der Regel nur Gegendruck. Auch der bekannte griechische Philosoph Sokrates versuchte, Menschen zu überzeugen. Er befragte die Leute auf der Straße so lange, bis sie selbst die Ansichten äußerten, die Sokrates vermitteln wollte. Mit der Anklage, er gefährde die Jugend, wurde er zum Tode verurteilt und vergiftet. Dabei tat er nichts, als anderen Menschen in Frageform neue Impulse zu geben.

Über Wünsche und Interessen sprechen Haben Sie in einem Konfliktgespräch das Gefühl, dass keine Zielfusion möglich ist, da Sie und Ihr Gesprächspartner zu unterschiedliche Vorstellungen haben, lohnt sich manchmal ein Blick hinter die Kulissen. Versuchen Sie, Abstand von der eigenen Position zu nehmen, und sprechen Sie über die Hoffnungen, Wünsche und Interessen, die sich hinter den Zielen verbergen. Das erfordert natürlich ein hohes Maß an Vertrautheit. Manchmal müssen die Wünsche, Hoffnungen und Ängste ausreichend gewürdigt werden, bevor man eine sinnvolle Lösung finden kann.

Emotionen hinter den Zielen verstehen Streiten sich beispielsweise zwei Kollegen, die ein Arbeitszimmer teilen, ob das Fenster beim Arbeiten offen oder geschlossen bleiben soll, dann stehen hier unterschiedliche Ziele im Widerstreit. Um zu verstehen, was hinter diesen konträren Interessen steckt, stellen sich beide Partner zunächst einmal vor, ihr Wunsch wäre erfüllt und sie hätten eine Lösung gefunden. Beide überlegen dann, warum sie zufrieden sind, welche Gefühle sich hinter dieser Zufriedenheit verbergen. Oft stehen wichtige

Emotionen hinter einer „Lappalie". Lässt man sich auf diese tiefere Ebene ein, trifft man auf so wichtige Dinge wie „Selbstbestimmung", „Freiheit" oder „Geborgenheit". Der eine erstickt förmlich bei einem geschlossenen Fenster und braucht die Luft, um sein Bedürfnis nach Freiheit zu befriedigen, der andere sieht im geschlossenen Fenster eine Form der Selbstbestimmung.

> **Hinter scheinbaren Lappalien stecken oft wichtige Bedürfnisse.**

Im beruflichen Kontext werden solche scheinbaren Lappalien oft nicht ausreichend gewürdigt. Das Ergebnis ist, dass wichtige Bedürfnisse übergangen werden und neue Konflikte entstehen. Manchmal ist es dann schwierig zu trennen, welcher Konflikt welche Ursache hatte. Die Themen und Gefühle sind vermischt.

„Lappalien" ernst nehmen

Was können Sie tun?

Versuchen Sie, in Konfliktdiskussionen immer Ziele und Interessen aller Beteiligten im Auge zu behalten. Welches Ziel verfolgt Ihr Gegenüber? Welches ist Ihr Ziel? Wie können sich diese beiden Ziele unter einen Hut bringen lassen? Welche Interessen stehen hinter den Zielen? Gibt es vielleicht ein gemeinsames Ziel, das beiden Interessenlagen gerecht wird, aber von den ursprünglichen Zielen abweicht?

Welches Ziel wird allen gerecht?

Wenn Sie über Ziele diskutieren, dann achten Sie darauf, dass Ihre Formulierung eine realistische Chance bietet, sie zu erfüllen. Sind die Ziele unerreichbar, brauchen wir uns nicht weiter mit ihnen zu beschäftigen. Dafür sollten die Ziele folgende Kriterien erfüllen:

Sechs Zielkriterien

Positive Formulierung

1. Das Ziel muss positiv formuliert sein. Beschreiben Sie das, was Sie erreichen möchten, nicht das, was Sie nicht mehr wollen. Unser Gehirn verarbeitet Dinge besser, die wir positiv formulieren. Sagen Sie lieber: „Ich möchte täglich drei Aufträge delegieren", anstatt: „Ich möchte nicht mehr, dass so viel an mir hängen bleibt." Wenn Sie positiv formulieren, haben Sie ein klares Ziel vor Augen. Das motiviert, auch Durststrecken zu überstehen.

Zielzustand beschreiben

2. Beschreiben Sie den Zielzustand möglichst genau. Je konkreter Ihre Zielvorstellungen sind, umso wahrscheinlicher werden Sie sie realisieren können. Was können Sie wahrnehmen (hören, sehen, fühlen), wenn Sie Ihr Ziel erreicht haben?

Realisierbarkeit

3. Prüfen Sie, ob Ihr Ziel realistisch ist. Mit unrealistischen Zielen steht man sich nur selbst im Weg. Es entstehen immer wieder Enttäuschungen, weil man den eigenen Ansprüchen nicht gerecht werden kann. Mit realistischen Zielen schafft man Erfolgserlebnisse. Ist Ihr Ziel wirklich erreichbar?

Messbarkeit

4. Ziele müssen messbar sein, damit Sie nach Ihren vielen Mühen genau wissen, ob Sie auch angekommen sind. Woran werden Sie merken, dass Sie Ihr Ziel erreicht haben?

Zeitliche Limitierung

5. Ziele sollten zeitlich begrenzt sein, damit man den Erfolg überprüfen kann. Wenn wir uns vornehmen, irgendwann einmal ein schwieriges Gespräch mit einem Kollegen zu führen, dann vergehen vielleicht Jahre, bis wir unser Ziel wahr machen. Eine zeitliche Begrenzung schafft eine Form von Disziplin, die Sache bis zu einem bestimmten Zeitpunkt in Angriff zu nehmen.

6. Eines der wichtigsten Kriterien ist das sechste und letzte in der Reihe. Ziele sind nur dann vernünftig, wenn die Umsetzung im eigenen Handlungsrahmen liegt. Wenn Sie formulieren „Ich will, dass mein Chef, Kollege, Partner …", dann liegt die Erfüllung des Ziels nicht in Ihrer Macht, und die Wahrscheinlichkeit ist groß, dass Sie das Anvisierte nicht erreichen. Möchten Sie einen anderen Menschen dazu bewegen, etwas Bestimmtes zu tun, dann sollten Sie so überzeugend sprechen, dass die andere Person Ihren Vorschlag attraktiv findet. Man kann sich auch vornehmen, sich in einer bestimmten Art und Weise anders zu verhalten, in der Annahme, dass der andere sein Verhalten ebenfalls verändert – was meistens auch geschieht. Es funktioniert hingegen nicht – wenn es auch häufig versucht wird –, nichts zu tun und abzuwarten, dass der andere aktiv wird.

Im Rahmen der eigenen Möglichkeiten

> **Wenn Sie nicht aktiv werden, passiert nichts.**

Achten Sie bei Ihrem Gespräch über Ziele darauf, dass Sie nur einen kurzen Moment bei den Dingen verweilen, die zum Konflikt geführt haben. Analysieren Sie die Ursachen, damit Sie den Konflikt zukünftig vermeiden können. Verstricken Sie sich jedoch nicht in alten Vorwürfen oder in der Frage: „Wer hat angefangen?" Das ist ein unlösbares Dilemma. Keiner möchte der Verursacher sein und jeder wird die Schuld beim anderen suchen. Nach der Analyse konzentrieren Sie sich auf zukünftige Lösungsmöglichkeiten.

Lösung suchen, anstatt den Konflikt zu analysieren

Ein mögliches Gesprächsergebnis ist auch, dass beide Parteien getrennt ihre Ziele verwirklichen. Nicht jeder Konflikt kann oder muss einvernehmlich gelöst werden.

Übung

Suchen Sie eine aktuelle Situation, mit der Sie nicht ganz zufrieden sind. Wie könnten Sie diese Situation verändern? Welche ungewöhnlichen Lösungen fallen Ihnen ein? Welche Interessen müssen berücksichtigt werden?

Haben Sie eine Lösung gefunden, dann formulieren Sie diese Idee als Ziel, das alle sechs Kriterien für wohlgeformte Ziele berücksichtigt: positive Formulierung, konkret, realistisch, messbar, zeitlich begrenzt, eigeninitiativ erreichbar.

Mein Ziel:

_____

_____

_____

_____

_____

Essentials

■ *Das Prinzip der Kooperation ist Voraussetzung für eine erfolgreiche Kommunikation.*

■ *Ein Konfliktgespräch gelingt dann, wenn die Ziele beider Partner miteinander vereinbar sind.*

■ *Alle Beteiligten sollten in die Lösungsfindung einbezogen werden.*

■ *Konfliktlösung erfordert Disziplin.*

■ *Im Gespräch stehen Lösungen im Vordergrund. Das Sprechen über Hoffnungen, Wünsche und Interessen hilft manchmal, Konflikte zu lösen.*

- *Menschen finden ihre eigenen Ideen oft am besten.*
- *Ziele, die allen sechs Kriterien (positive Formulierung, konkretes Ziel, realistisches Ziel, Messbarkeit, zeitliche Begrenzung, Erreichbarkeit in Eigeninitiative) Genüge leisten, werden mit hoher Wahrscheinlichkeit auch zu einem Erfolgserlebnis führen.*

Werte und Grundsätze

Unterscheiden sich die Werte und Grundsätze zweier Gesprächspartner, kommt es besonders schnell zu Konflikten. Wenn wir sprechen, teilen wir auch immer etwas über unsere Werte und Grundsätze mit. Sensible Hörer verstehen schnell, was uns wichtig ist. Diese grundlegenden Einstellungen sind auch aus den Antworten auf folgende Fragen ablesbar.

Grundlegende Einstellungen

- Was halte ich für richtig und wichtig?
- Welche Überzeugungen sind Grundlage für mein Handeln?

Werte und Grundsätze sind untrennbar mit der Persönlichkeit verbunden. Es sind unsere Richtlinien für das Leben, und sie helfen uns, spontan und angemessen zu reagieren, ohne zuvor alles überdenken zu müssen. Es sind Konzepte, die uns Auskunft darüber geben, wie wir im menschlichen Miteinander ein gutes Leben führen können. Sie machen unsere innere Stabilität und unser Sein aus.

Werte sind Teil der Persönlichkeit

Den Drehbüchern übergeordnete Konzepte

Werte und Grundsätze erwerben wir schon in der Kindheit. Wir lernen von den Eltern, was richtig und falsch ist und wie man mit anderen Menschen in Kontakt tritt. Im Erwachsenenalter etablieren wir dann zusätzlich bewusst Werte und Grundsätze und fügen sie dem bestehenden Gerüst hinzu. Sie gelten als übergeordnete Konzepte über den Drehbüchern. Meistens reflektieren wir die Werte nicht bewusst. Die Vorstellung davon, was richtig und falsch ist, ist untrennbar mit uns selbst verbunden.

> **Werte und Grundsätze sind ein wesentlicher Bestandteil unserer Persönlichkeit.**

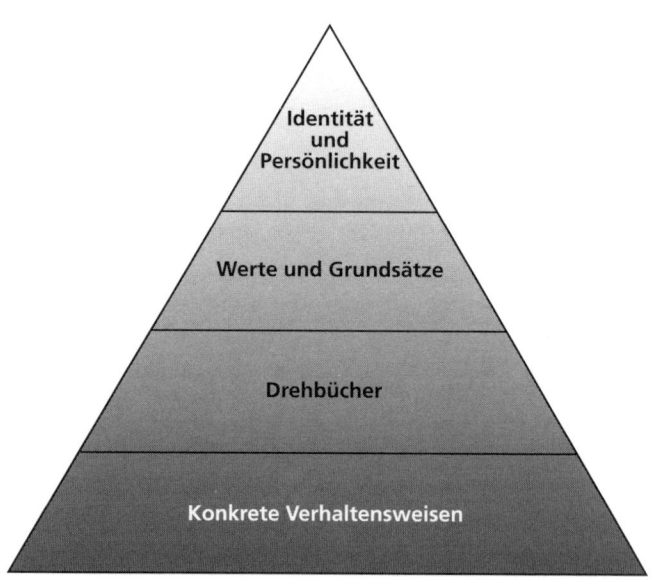

Bestandteile der Persönlichkeit

Da Werte und Grundsätze die Persönlichkeit prägen, entstehen durch sie am schnellsten Konflikte, die nachhaltig wirken und auf der Gefühlsebene treffen. Natürlich hoffen wir, dass andere Menschen die gleichen Werte und Grundsätze wie wir verinnerlicht haben und ihre Handlungen aus ihnen ableiten. Das würde das Zusammenleben sehr vereinfachen. Für unsere gesellschaftliche Gemeinschaft gibt es allgemein gültige Gesetze und Normen. Für den Kontakt zwischen einzelnen Menschen ist das jedoch nicht so klar definiert.

Gesellschaftliche versus individuelle Normen

Konflikte, die auf unterschiedliche Werthaltungen zurückgehen, sind in der Regel Verteilungskonflikte und Beurteilungskonflikte. Bei Verteilungskonflikten geht es um die Aufteilung von Anerkennung, zum Beispiel durch Aufmerksamkeit, Gehalt, Macht, Kompetenz und Wertschätzung. Bekommen wir weniger, als wir aufgrund unserer eigenen Wertvorstellungen haben müssten, so entsteht ein innerer Konflikt, den wir mit dem Verteiler der Anerkennung oder mit unserer Konkurrenz austragen. Wir ärgern uns also über den Kollegen, der einen höheren Bonus erhalten hat, oder über den Chef, der so ungerecht verteilt. Meistens ist uns nicht bewusst, dass der innere Maßstab mit dem äußeren nicht zusammenpasst. Möglicherweise ist die äußere Messlatte unangemessen; es kann aber auch sein, dass unser eigener Maßstab korrekturbedürftig ist.

Verteilungskonflikte

> **Konflikte entstehen manchmal nur deswegen, weil der Maßstab zu hoch angelegt wird.**

Bei Beurteilungskonflikten geht es darum zu entscheiden, was richtig ist. Welche Entscheidung soll getroffen werden? Welches Vorgehen wird sich bewähren? Beurteilungen nehmen wir aufgrund unserer Wahrnehmung

Beurteilungskonflikte

und unserer Wertvorstellung vor. Wir sind überzeugt davon, dass unsere Meinung richtig ist. Das sind unsere Gesprächspartner natürlich auch, und so kommt es leicht zu einer Auseinandersetzung. Zur Konfliktlösung trägt es deswegen bei, wenn wir uns die Mühe machen, Übereinstimmungen und Unterschiede in den Wertmaßstäben zu berücksichtigen. Ziel hierbei ist es, den größten gemeinsamen Nenner zu finden, auf dessen Basis die Meinungsverschiedenheit überbrückbar wird.

Kommunizieren statt kämpfen

Wenn zwei Menschen mit verschiedenen Weltanschauungen verbittert um ihr „Recht" kämpfen, mag das ihrem Kampfgeist entsprechen. Zu einem Ergebnis kommen sie aber in der Regel nicht. Die Kunst besteht darin, trotz des Konflikts im Gespräch zu bleiben und sich zu überlegen, wie man selbst handeln würde, wenn man die Werte des anderen verinnerlicht hätte. Sind die Fronten sehr verhärtet, so dass keine gemeinsame Basis erreicht werden kann, ist es manchmal besser, sich aus dem Weg zu gehen. Meist lässt sich aber im Sinne eines Fairplay eine Lösung finden.

Ein typischer Wertkonflikt

Ein häufiger Wertkonflikt im Unternehmen, der sich in ganz verschiedenen Verhaltensweisen zeigt, ist der Stellenwert des Berufs im Leben. Manche Menschen halten den Beruf für den Mittelpunkt des Lebens, um den sich alles andere herumranken sollte. Würden sie eine Hierarchie erstellen, was ihnen im Leben wichtig ist, so käme der Beruf auf Platz eins, die Familie auf Platz zwei, Hobbys, Freunde usw. auf die Plätze drei und vier etc. Eine andere Person sieht das möglicherweise ganz anders. Für sie steht vielleicht die Familie an erster Stelle, die Freunde an zweiter, der Beruf an dritter und die Hobbys an vierter Stelle. Wer „Recht" hat, kann dabei nicht entschieden werden. Für eine beiderseitige Zusammenarbeit

allerdings gibt es sicher Ideen und Wege, wie die Kooperation zur Zufriedenheit aller ausfallen kann, ohne dass
einer seine Wertmaßstäbe aufgeben muss.

	Person 1	*Person 2*
1.	*Beruf*	*Familie*
2.	*Familie*	*Freunde*
3.	*Garten*	*Beruf*
4.	*Freunde*	*Motorrad fahren*

Beispiel für zwei verschiedene Wertehierarchien

> **Viele Konflikte entzünden sich an unterschiedli-
chen Wertehierarchien.**

Fällt es Ihnen schwer, Ihre Werte und Grundsätze zu
identifizieren, die Sie im Konfliktfall beeinflussen, dann
stellen Sie sich folgende Fragen:

**Eigene Werte
und Grundsätze
identifizieren**

■ Welcher Teil meiner Meinung ist für mich der wichtigste? Was ist der eigentliche Kern des Gedankens?

■ Gibt es eine Situation, in der es bereits zu einem ähn-
lichen Konflikt kam? Was war da besonders wichtig
für mich?

■ Welche Werte und Grundsätze finde ich bei diesem
Konfliktthema unangemessen?

67

Keine Weltanschauung ist richtig

In Bezug auf Werte einseitig zu denken, schafft Konfliktstoff. Es gibt keine Weltanschauung, die richtig ist. Jeder Mensch versucht auf seine Weise, die Welt zu verstehen und sich in ihrer Komplexität zurechtzufinden. Dabei haben wir wahrscheinlich alle ein bisschen Recht und ein bisschen Unrecht mit dem, was wir denken.

Werte auf einer Skala einordnen

Stehen sich Partner mit einem Wertekonflikt gegenüber, so kann es hilfreich sein, die Werte auf eine Skala mit zwei Polen einzutragen. Arbeitet ein Kollege sehr genau, der andere eher großzügig, so können beide den Unterschied auf einer Skala visualisieren und dann überlegen, wie sie diese Verschiedenheit überbrücken wollen. So können sie es vermeiden, sich gegenseitig „pedantisch" oder „chaotisch" zu schimpfen, sondern statt dessen überlegen, wie sie beide Fähigkeiten gewinnbringend für die gemeinsamen Projekte einsetzen können. In welchen Bereichen muss genau gearbeitet werden? In welchen Bereichen geht es um grundlegende Ideen – kann also großzügig gearbeitet werden?

-10 -9 -8 -7 -6 -5 -4 -3 -2 -1 0 +1 +2 +3 +4 +5 +6 +7 +8 +9 +10

pedantisch, genau   **großzügig, chaotisch**

Werteskala

Solche Polaritätskonflikte sind auch im Spannungsverhältnis zwischen Chef und Mitarbeiter denkbar. Ein Vorgesetzter möchte beispielsweise seinen Mitarbeitern möglichst viel Raum zum eigenständigen Arbeiten lassen. Was er positiv einsetzen möchte, erleben die Mitarbeiter jedoch als negativ und fühlen sich vernachlässigt. Umgekehrt ist ein anderer Chef daran interessiert, seine Mitarbeiter gut zu betreuen. Er leitet sie an und gibt ihnen viele Hilfestellungen. Diese Mitarbeiter fühlen sich unter Umständen gegängelt. Werden Pole besprochen, bringt das Transparenz in den Konflikt und fördert die Verständigung.

Die unterschiedlichen Pole besprechen

-10 -9 -8 -7 -6 -5 -4 -3 -2 -1 0 +1 +2 +3 +4 +5 +6 +7 +8 +9 +10

Gängelei enge Führung weite Führung Vernachlässigung

Werteskala der Führung

69

Übung

Reflektieren Sie Ihre Überzeugungen für eine schwierige Situation. Welche Dinge halten Sie in dieser Situation für besonders wichtig? Welche Überzeugungen machen Sie zur Grundlage Ihres Handelns?

Situation (z. B.: Ich möchte meinem Partner / Chef / Freund etwas sagen, das mir an ihm missfällt.):

_____

_____

_____

_____

_____

Relevante Werte und Grundsätze:

_____

_____

_____

_____

_____

Was können Sie tun?

Stellen Werte und Grundsätze ein Konfliktpotential dar, kann sich ein Gespräch schnell auf eine Sackgasse zubewegen, denn grundlegende Einstellungen sind eng mit Emotionen verbunden. Manchmal möchte man mit jemandem, der so anders denkt, keine Diskussion mehr führen. Und dennoch liegt die Lösung hier in der Disziplin. Mit jemandem zu verhandeln, der auf der gleichen Wellenlänge liegt, ist keine große Herausforderung. Richtig spannend wird es erst dann, wenn sich Unterschiede auftun. Fällt es Ihnen schwer, einen Schritt auf den Gesprächspartner zuzugehen, dann bedenken Sie, wie oft Ihnen andere Menschen schon entgegengekommen sind. Rückblickend würde man vielleicht viele Dinge nicht mehr so tun wie früher und ist froh, dass die anderen an einem Gespräch festgehalten haben.

Verhandlungsdisziplin hilft Sackgassen vermeiden

Voraussetzung für ein Gespräch über Werte und Grundsätze ist, dass beide Parteien ernsthaft an einer Lösungsfindung interessiert sind.

Wenn wir versuchen, dem anderen seine Werte streitig zu machen, dann ist dies gleichbedeutend damit, ein Stück seiner Persönlichkeit in Frage zu stellen. Und das sollten Sie sich gut überlegen. Damit kritisieren Sie Ihr Gegenüber und machen ihn weniger verhandlungsbereit. Versuchen Sie, den anderen in seinem Anderssein zu respektieren.

Die Werte des anderen nicht in Frage stellen

Hören Sie genau zu und vergewissern Sie sich, dass Sie alles richtig verstanden haben, denn manchmal kostet es einige Mühe, die Weltanschauung des anderen zu verstehen.

Genau zuhören

71

Essentials

- Werte und Grundsätze stabilisieren die Persönlichkeit.
- Konflikte entstehen bei unterschiedlichen Maßstäben.
- Ziel im Konfliktgespräch ist es, den größten gemeinsamen Nenner zu finden.
- Auch bei unterschiedlichen Wertehierarchien kann eine Einigung gefunden werden.
- Man sollte immer miteinander im Gespräch bleiben, auch und insbesondere dann, wenn es schwer fällt.

Strategien im Konflikt

Strategien beschreiben die innere Haltung, die wir einnehmen, wenn wir einem Konflikt begegnen. Wie wollen wir grundsätzlich mit diesem Problem umgehen? Diese Frage stellen wir uns unabhängig von einer konkreten Lösungsfindung. In folgendem Schaubild sehen Sie die häufigsten Haltungen:

Die innere Haltung

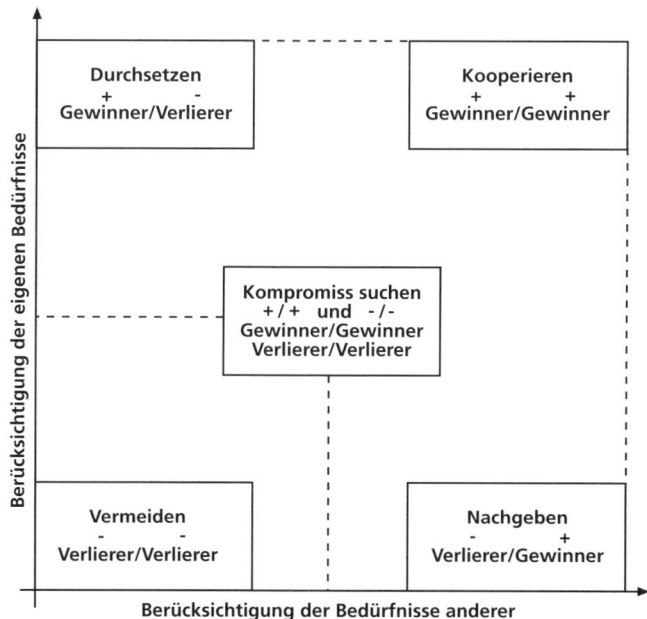

Einstellungen zu einem Konflikt

73

Es gibt fünf verschiedene Einstellungen, mit denen wir einem Konflikt gegenübertreten können.

Konflikt-
vermeidung

1. Vermeiden

Die erste, manchmal scheinbar die einfachste Variante ist das Vermeiden des Konfliktes. Wir versuchen dem Konflikt und/oder dem Konfliktpartner aus dem Weg zu gehen, in der Hoffnung, dass sich der Konflikt von selbst löst oder in Vergessenheit gerät.

Meistens aber löst sich der Konflikt weder von selbst, noch wird er vergessen, sondern er manifestiert sich und wird größer. Die Lösungsfindung wird somit auch immer schwerer.

Die wenigsten Konflikte lösen sich von selbst.

Diese Strategie berücksichtigt weder die eigenen Interessen noch die Bedürfnisse des Gegenübers. Beide Parteien verlieren dabei. Die Chance, eine gemeinsame Lösung zu finden, wird nicht genutzt.

Die Konfliktvermeidung folgt der Strategie: Verlierer – Verlierer.

Sich durchsetzen

2. Durchsetzen

Eine weitere Variante, mit Konflikten umzugehen, ist der Wunsch zu beweisen, dass man im Recht ist. Man versucht sich – auf Kosten des anderen – durchzusetzen. Die Meinung des Gegenübers findet man unwichtig, da man so sehr von seinem eigenen Standpunkt überzeugt ist.

Wenn sich eine Partei kraftvoll durchsetzen möchte, kann sie dabei zumindest kurzfristig gewinnen. Sie fühlt sich im Recht, und es wird gemacht, was sie möchte. Der

74

Partner allerdings verliert in diesem Spiel, denn seine Ideen und Bedürfnisse werden nicht berücksichtigt.

> **In den meisten Konflikten haben beide Partner ein bisschen Recht.**

Wenn man aus einem Konflikt als ein Verlierer hervorgeht, hat man meist das Bedürfnis, sich zu revanchieren. Beim nächsten Mal möchte man selbst gewinnen und der andere soll nun verlieren. Sich durchzusetzen funktioniert zwar kurzfristig. Da aber ein Verlierer zurückgelassen wird, muss man mit einer Retourkutsche rechnen. **Revanche**

> **Die Durchsetzung folgt der Strategie: Gewinner – Verlierer.**

3. Nachgeben

Das Pendant zur Durchsetzungsstrategie ist das Nachgeben. „Der Klügere gibt nach", sagt der Volksmund und es sind sicherlich Situationen denkbar, in denen Nachgeben das Überleben sichert. Beispielsweise, wenn Sie mit einer Waffe bedroht werden, weil jemand Ihre Geldbörse haben möchte. **Nachgeben**

Nachgeben ist auch eine Technik, um einen moralisch überlegenen Standpunkt zu behalten, auch wenn man in der Sache verloren hat. Man fühlt sich im Recht, gibt aber nach, da der andere noch nicht in der Lage ist, die „richtige" Lösung zu erkennen. Zudem werden Konflikte dadurch oft schnell beendet. **Moralische Überlegenheit**

Wenn jedoch ein Partner dauerhaft nachgibt, dann steigt das innere Bedürfnis, auch einmal auf der Gewinnerseite zu stehen. Der Nachgebende versucht eine Situation zu finden, in der er sich für seine andauernde Benachteiligung rächen kann.

Jeder möchte gerne gewinnen.

So angenehm es manchmal erscheinen mag, mit Menschen zusammenzuarbeiten, die schnell nachgeben, so ungewiss ist diese Situation. Man muss als „Gewinner" immer mit einer Überraschung rechnen. In irgendeinem Bereich wird der andere versuchen, sich zu revanchieren.

**Nachgeben folgt der Strategie:
Verlierer – Gewinner.**

Kompromiss

4. Kompromiss

Bei einem Kompromiss versuchen beide Parteien, die Bedürfnisse des anderen zu berücksichtigen. Sie sind bereit, zu Gunsten einer Einigung Abstriche zu machen. Beide gehen von ihrem Idealziel weg und treffen sich in der Mitte.

Beide gewinnen und verlieren zugleich

Die klassische Situation für einen Kompromiss kennen wir alle von Geburtstagsfeiern oder anderen Familienfesten. Das letzte Stück Kuchen steht auf dem Tisch, und es gibt mehr als einen Interessenten. Was tut der Gastgeber? Er teilt das letzte Stück so gerecht wie möglich unter der Anzahl der Hungrigen. Keiner erhält also das ganze Stück Kuchen (eigentliches Ziel), aber es geht auch keiner leer aus.

Ein Kompromiss lebt davon, dass alle Beteiligten gleichermaßen Zugeständnisse machen. Deswegen gewinnen bei einem Kompromiss alle. Gleichzeitig verlieren sie aber auch, denn der Kompromiss wird ihren ursprünglichen Interessen nicht gerecht.

> **Der Kompromiss folgt der Strategie:**
> **Gewinner – Gewinner und Verlierer – Verlierer.**

5. Kooperation

Erst bei der Kooperation steht der 100-prozentige Gewinn für beide Seiten im Vordergrund. Die Konfliktparteien sind bemüht, eine Lösung zu finden, die die Interessen und Bedürfnisse beider Seiten berücksichtigt. Dabei gehen beide zunächst von ihrem Ziel ab und konzentrieren sich nur auf ihre Beweggründe. Sie tauschen ihre Interessen aus und versuchen ein gemeinsames Ziel (Zielfusion) zu finden, das allen Wünschen gerecht wird. Meistens werden bei diesem Vorgehen neue Ideen entwickelt, die einem der Beteiligten alleine nicht eingefallen wären, da er die Interessen und Bedürfnisse des anderen nicht kannte. Erst durch den konstruktiven Austausch entsteht dieser Synergieeffekt.

Kooperation

> **Nutzen Sie Synergieeffekte!**

Sollte diese Strategie nicht anwendbar sein, weil die Sachlage verlangt, dass alle Beteiligten Abstriche machen, dann ist der Kompromiss sicherlich die zweitbeste Lösung.

> **Die Kooperation folgt der Strategie:**
> **Gewinner – Gewinner.**

77

Zusammenfassend können wir hier drei verschiedene Strategien erkennen:

1. Gewinner-Gewinner-Strategie
2. Gewinner-Verlierer-Strategie
3. Verlierer-Verlierer-Strategie.

Welche Strategie ist die beste?

Evolutions-psychologie: Strategien der Steinzeit

Seit einiger Zeit gibt es in der Psychologie eine neue Forschungsrichtung: die Evolutionspsychologie. Wissenschaftler beschäftigen sich mit der Frage, welcher zwischenmenschliche Umgang sich seit der Steinzeit bewährt hat. Mit anderen Worten: Welches soziale Verhalten – in den Bereichen Fortpflanzung, Verhandlung usw. – machte den Menschen überlebensfähig?

So haben sich Evolutionspsychologen auch die Frage gestellt, wie Menschen seit Urzeiten mit Konflikten umgehen, und sind zu folgender Lösung gekommen:

Die eigenen Angehörigen stehen am nächsten

Menschen sind in ihrem eigenen Familienkreis (früher Stamm) viel nachgiebiger und bessere Verlierer als im Kontakt mit anderen Menschen. Gegenüber Partnern, Verwandten und Kindern lassen sie häufiger fünfe gerade sein und bestehen nicht unbedingt auf ihr Recht.

> **Im Familienkreis sind wir nachgiebiger als gegenüber Fremden.**

Bei Fremden andere Spielregeln

Anders ist es, wenn es um Verhandlungen und Konflikte zwischen Stämmen oder mit Fremden geht. Hier gelten andere Spielregeln. Da Menschen zunächst das Ziel des friedlichen Miteinanders verfolgen, wird bei der ersten

Begegnung versucht, eine Kooperation anzustreben. Sollte ein Konflikt gelöst werden, dann sind Menschen auch hier bemüht, sich konstruktiv, also im Sinne der Gewinner-Gewinner-Strategie, zu verhalten. Was aber tun Menschen intuitiv, wenn die Gegenseite nicht kooperiert? Hier fanden die Forscher das Prinzip: „Tit for tat", oder übersetzt: „Wie du mir, so ich dir."

Man kooperiert also im ersten Schritt. Zeigt sich der andere aber nicht gewillt zusammenzuarbeiten, dann versucht man sich auf Kosten des anderen durchzusetzen. Das kann bis zum Krieg führen. Diese Strategie, mit Druck zu arbeiten, wird so lange beibehalten, bis der Partner einlenkt. Zeigt sich die Gegenseite wieder kooperativ, so ist man auch wieder vorbehaltlos zur Zusammenarbeit bereit.

Krieg bei fruchtloser Kooperation

Das ist die Steinzeitstrategie, die, wie man sich leicht denken kann, bereits viele Opfer gekostet hat. Möglicherweise ist das, was jemand als mangelnde Kooperation interpretiert, von der anderen Seite ganz anders gemeint gewesen, und trotzdem erklärt man gewissermaßen den Krieg. Das kann den anderen natürlich auch wütend stimmen, so dass eine Einigung in weiter Ferne liegt. Manche Konflikte dieser Art werden über Generationen hinweg vererbt. Dafür gibt es sehr viele historische und politische Beispiele. Man denke nur an den Konflikt zwischen Katholiken und Protestanten in Nordirland.

Konflikte durch Missverständnisse

> **Viele Konflikte basieren auf historischen Missverständnissen.**

Mathematiker haben diese Idee nun weiterverfolgt mit der These: Die Strategie der Steinzeit muss in unserem heutigen Kontext nicht mehr die erfolgreichste sein. Welche Strategie ist erfolgreicher als „Tit for tat"?

Analyse von Strategien per Computer

Um das herauszufinden, wurde ein Computerspiel entwickelt. In einem Wettbewerb sollten Mathematiker und andere Interessierte Programme einschicken, die ihrer Meinung nach den höchsten Gewinn erzielen. Bei dem Spiel stehen zwei Parteien miteinander im Konflikt. Sie können kooperieren, was ihnen eine mittlere Spielpunktezahl einbringt. Einer kann sich aber auch auf Kosten des anderen durchsetzen, was ihm die höchste Punktezahl einbringt, dem Verlierer die niedrigste. Beide können sich ebenso gegenseitig zum Verlierer machen, was gar keine Punkte einbringt. Beide Parteien haben außerdem die Möglichkeit, aus dem Spiel auszusteigen, wenn sie merken, dass sie durch die Strategie des anderen nur noch verlieren. Durch die Programme lässt sich nur das Verhalten der einen Partei bestimmen. Die Gegenseite handelt zufällig. Mal kooperiert sie, mal nicht, je nachdem wie der Zufallsgenerator entscheidet. Die Programme spielten mehr als tausend Runden à 90 Minuten – eine Leistung, die man keinem Menschen mehr zumuten kann.

Kein Programm erreichte das Ziel, immer die höchste Punktzahl zu erlangen. Wenn man mit einem unberechenbaren Partner zusammenarbeitet, scheint das nicht möglich zu sein. Aber es gab einige Programme, die deutlich besser abschnitten als „Tit for tat". Diesen Programmen war folgende Strategie gemeinsam:

Die erfolgreichste Strategie

1. Kooperation findet schon bei der ersten Begegnung statt.
2. Selbst wenn sich der andere unfair verhält, legt man mindestens drei, höchstens aber fünf weitere kooperative Runden ein.
3. Ein bis drei Runden versucht man, sich auf Kosten des anderen durchzusetzen, in der Hoffnung, dass dieser versteht.

80

4. Sobald der andere einlenkt und kooperiert, kooperiert man vorbehaltlos weiter.

5. Nach ca. 20 Runden berechnet man, ob man noch im positiven Bereich liegt (Anzahl der Spielpunkte). Bei positiver Punktzahl spielt man weiter, bei negativer steigt man aus dem Spiel aus.

Was können Sie tun?

Was heißt das nun für Ihr konkretes Konfliktmanagement?

Es scheint erfolgreich zu sein, zunächst vom Positiven auszugehen und mit anderen Menschen zu kooperieren. Allerdings darf das nicht ohne Eigennutz geschehen. Sobald man dauerhaft übervorteilt wird, kooperiert man auch nicht mehr. Lenkt allerdings der andere ein, darf man sich nicht nachtragend zeigen. Programme, die ein nachtragendes Muster hatten, also nach Einlenkversuchen des anderen nicht mehr kooperieren wollten, schnitten mit erheblich schlechteren Punktzahlen ab.

Zuerst Kooperation

> **Es lohnt sich, auf versöhnliche Angebote der Gegenpartei positiv zu reagieren.**

Auch scheint es ungünstig zu sein, zu früh aus dem Spiel auszusteigen. Manchmal ist man zwar geneigt, den Arbeitsplatz oder die Beziehung zu kündigen, wenn man nicht schnell genug auf seine Kosten kommt. In der Computersimulation zeigte sich jedoch, dass ein zu schnelles Kündigen Verluste einbringt. Man sollte der Kooperation also immer noch eine Chance mehr geben als zunächst geplant. Unter Umständen steigt der eigene Gewinn durch diese Strategie.

Nicht zu früh aufgeben

Sich nicht übervor-teilen lassen

Zeigt sich der andere aber nach einigen Versuchen der Kooperation nachhaltig unfair oder ist das Ergebnis der Bilanz nach einiger Zeit der Zusammenarbeit oder des Zusammenlebens negativ, dann ist es besser auszusteigen, als sich übervorteilen zu lassen und zum Dauerverlierer zu werden. Achten Sie darauf, dass Sie bei Ihrer Bilanz auch die positiven Aspekte der Kooperation ausreichend würdigen. Wenn man sich als Verlierer fühlt, tendiert man dazu, nur noch das Negative zu sehen.

Wenn unumgäng-lich, dem Partner Grenzen aufzeigen

Wenn Sie also mit jemandem zusammenarbeiten und das Gefühl haben übervorteilt zu werden, so lohnt es sich zunächst, weiterhin zu kooperieren. Nach einiger Zeit scheint es sinnvoll – und diese Möglichkeit gab es in dem Computerspiel nicht –, ein Gespräch zu suchen und Ver-einbarungen zu treffen. Vielleicht liegen Missverständ-nisse vor. Im besten Fall regelt sich dann alles von alleine. Verändert sich aber nichts, dann zeigen Sie Ihrem Partner deutliche Grenzen auf, indem Sie ihn übervorteilen. Lenkt er danach ein, können Sie vorbehaltlos weiter kooperieren. Diese Phasen können sich auch im Laufe der Zeit abwechseln. Manchen Partnern muss man immer wieder einmal deutlich machen, wo die Grenzen liegen, damit die Zusammenarbeit funktionieren kann.

Aussteigen

Lenkt der andere nicht ein, wird es Zeit, ein Resümee zu ziehen. Ist die Zusammenarbeit für Sie trotz der Schwierigkeiten von Nutzen? Wenn Sie diese Frage beja-hen, dann versuchen Sie es weiter. Sind Ihre Kosten inzwischen hoch, dann steigen Sie aus.

Das Gewinner-Gewinner-Prinzip wurde oft als zu altru-istisch und pazifistisch kritisiert. Dabei hat diese Strategie, wie wir sehen konnten, nichts mit Nachgeben zu tun. Im Gegenteil: Jemand, der sich dieses Prinzip zu Eigen macht, verfügt über eine hohe Fähigkeit, mit Konflikten umzugehen, und über ein hohes Maß an Kreativität.

Essentials

- ■ *Die Haltung bestimmt die Lösung des Konflikts. Die Gewinner-Gewinner-Strategie erfordert ein hohes Maß an Konfliktfähigkeit und Kreativität.*
- ■ *Kooperation ist besser, als zu schnell einem Kompromiss zuzustimmen.*
- ■ *Es gibt bessere Strategien als das intuitive „Wie du mir, so ich dir".*
- ■ *Wenn der langfristige Gewinn stimmt, dann kann man auch mal verlieren, ohne nachtragend zu sein.*
- ■ *Sind die Kosten langfristig zu hoch, sollte die Zusammenarbeit beendet werden.*
- ■ *Eine Kooperation muss für beide Seiten positiv sein.*

Was tun, wenn der Konfliktpartner nicht kooperationsbereit ist?

Kurz gesagt: Wenn der Gesprächspartner nicht kooperieren will, dann kann man daran auch nichts ändern. Wir können niemanden zwingen, mit uns zusammenzuarbeiten. Wir können uns wohl darum bemühen und dem anderen aufzeigen, welche Vorteile eine Kooperation für ihn haben kann. Ein Konsens hängt letztendlich von drei Dimensionen ab:

1. Wissen
2. Können
3. Wollen

Dimensionen des Konsenses

Die erste Dimension können Sie nutzen, um dem Partner Möglichkeiten der Konfliktlösung nahe zu bringen. Vielleicht hat er einfach keine Idee, wie man eine solche Auseinandersetzung am besten zur beiderseitigen Zufriedenheit löst. Sie können auch die zweite Dimension nutzen und ihm die notwendigen Fähigkeiten vermitteln. Aber wir können ihn nicht zum Wollen zwingen. Es sei denn, es hat für den Gesprächspartner negative Konsequenzen, wenn Sie sich nicht einigen. Das könnte ein Anreiz sein, doch eine Lösung zu finden. Man kann nur versuchen, sein Verhalten so lange zu variieren, bis im Verhalten des Gegenübers auch eine Veränderung eintritt. Aber einer alleine kann einen Konflikt nicht lösen.

Fachliche Themen verbergen Konfliktherde

Im beruflichen Alltag werden Konfliktpotentiale manchmal hinter fachlichen Themen versteckt. Sachzwänge werden vorgeschoben, um dem unliebsamen Gegenüber eins auszuwischen. In einem solchen Fall ist der Konfliktlösungsprozess erst der zweite Schritt. Zuerst muss der Konflikt oder das Potential dazu erkannt werden, und dann kann über Lösungen nachgedacht werden.

Vor einem Gespräch mit Negativem abschließen

Ein wichtiger Grundgedanke beim Verhandeln mit Konfliktpartnern, die sich unbeweglich zeigen, ist die Einstellung, mit der wir auf den anderen zugehen. Sind wir beladen mit den negativen Gefühlen der Vergangenheit, so werden wir wahrscheinlich dem anderen mit Antipathien begegnen. Die Atmosphäre in einem solchen Gespräch ist nicht hilfreich, um einen neuen Weg des Miteinanders einzuschlagen. Bevor wir uns mit dem Konfliktpartner zusammensetzen, sollten wir versuchen, mit den negativen Erfahrungen abzuschließen und offen auf den anderen zuzugehen. Es besteht sonst die Gefahr, dass wir im Gespräch versuchen, unsere Vormeinung zu bestätigen.

> Überprüfen Sie Ihre Einstellung zu Ihrem Konflikt-
> partner.

Was können Sie tun?

Sicherlich müssen wir negative Erfahrungen im Kopf behalten, um nicht Fehler zu wiederholen oder Vereinbarungen zu treffen, die erfahrungsgemäß nicht funktionieren. Aber von diesen Gedanken sollten wir uns emotional nicht leiten lassen, damit eine echte neue Chance besteht. Im Gespräch selbst richten wir die Aufmerksamkeit auf die zukünftige Zusammenarbeit. Wesentlich ist, wie es weitergehen wird, nicht, was alles bereits in Scherben liegt. Argumentieren Sie konsequent in eine zukunftsorientierte Richtung, dann fällt es dem Konfliktpartner leichter, sich kooperativ zu zeigen, auch wenn er das ursprünglich nicht wollte. Vielleicht erkennt er seinen Nutzen bei einer Einigung? Zu dieser Vorgehensweise gehört auch, dass die gegenwärtige Situation kurz und neutral geschildert wird. Dazu ein Beispiel:

Nicht von negativen Emotionen leiten lassen

Nehmen wir an, alle Projektleiter eines Unternehmens müssen Projektpläne erstellen, die anhand eines neuen Merkblattes erarbeitet werden sollen. Dabei ist es besonders wichtig, wie gut die Projekte vorangehen. Die Projektleiter werden von der Geschäftsführung anhand dieser Berichte beurteilt. Projekte, bei denen oft das Vorgehen geändert wird, werden schlechter bewertet. Abgesehen davon gibt es einen großen Konkurrenzdruck zwischen den Projektleitern, denn jeder möchte, dass sein Projekt am besten beurteilt wird.

Ein Beispiel aus dem Beruf

Eine Projektleiterin bemerkt, dass alle Leiter mit den neuen Formalitäten nicht besonders gut zurechtkommen. Es gab viele Unstimmigkeiten und unzufriedene Projektmitarbeiter, da die Leiter nur auf die Merkmale in den Projekten Wert legten, für die sie auch gut bewertet werden. Die Leistung der Mitarbeiter wurde nicht mehr deutlich. Manche Projektleiter gaben auch unrealistisch gute Prognosen über den Verlauf an, um gute Bewertungen zu erhalten. Bisher gab es keinen Austausch unter den Projektleitern. Jeder kämpfte für sich, um seinen Wissens- und Erfahrungsvorsprung zu halten. Die Projektleiterin hat sich zum Ziel gesetzt, regelmäßige Meetings zum Erfahrungsaustausch einzuberufen. Das kann sie auf verschiedene Art und Weise versuchen:

2 Möglichkeiten der Konfliktlösung

1. Möglichkeit

„Ich weiß, dass ihr alle mit den neuen Projektplänen und Bewertungskriterien nicht zurechtkommt. Auch wenn ihr das abstreitet, ich habe viele von euch in letzter Zeit auf die Nase fallen sehen. Eure Mitarbeiter sprechen nicht gerade begeistert von dem neuen ‚Führungsstil'. Keiner von euch hat sich bis jetzt getraut, den Mund aufzumachen. Alle basteln nur an ihrer Karriere, auf Kosten der Qualität der Projekte. Ich möchte euch deswegen bitten, ein regelmäßiges Meeting einzuberufen, in dem wir Praxisfälle besprechen, um die Fehler der Vergangenheit nicht zu wiederholen. Jeder trägt seine Erfahrungen vor und legt offen, was er gelernt hat."

2. Möglichkeit

„Die neuen Projektpläne und Bewertungskriterien stellen für uns eine ganz besondere Herausforderung dar. Es ist für einen Leiter nicht einfacher geworden, zwischen seinen eigenen Zielen, den Interessen seiner Mitarbeiter und der Qualität der Projekte einen Mittelweg zu finden. Ich denke,

86

wir als Team von Projektleitern können uns die Arbeit erleichtern, wenn wir ein regelmäßiges Meeting einberufen, in dem wir Praxisfälle besprechen. Jeder kann von der Erfahrung der anderen profitieren, wir können die Effizienz steigern und gemeinsam Pluspunkte sammeln."

Bei welcher Aufforderung hätten Sie mehr Lust sich zu engagieren? Wahrscheinlich bei der zweiten Version. Sie fokussiert die Lösung und schaut optimistisch in die Zukunft. Darüber hinaus stellt sie den Nutzen für alle Beteiligten dar. Da macht es mehr Spaß, sich einzubringen und Kooperationsbereitschaft zu zeigen.

Nutzenorientierte Lösungen suchen

> **Argumentieren Sie nutzen- und zukunftsorientiert.**

Warum wollen manche Menschen nicht kooperieren? Vielleicht haben sie Angst davor? Womöglich haben sie die Erfahrung gemacht, dass sie übervorteilt wurden. Um sich selbst zu schützen, lehnen sie eine Kooperation lieber ab. Hinter groben Verfahrensweisen verbergen sich meistens Angst und Furcht. Bei dem Konflikt geht es nicht um die Sache, sondern um die Angst, Macht oder Status einzubüßen. Warum sollte man also kooperieren? Es gibt keinen vernünftigen Grund. Wichtig ist es in diesem Fall zu vermitteln, dass man dem anderen seinen Platz nicht streitig machen möchte. Und – so paradox es klingt – es helfen auch Komplimente, welche die Stärke und Entschlossenheit des anderen würdigen.

Angst vor Kooperation

Die Einflussnahme auf Konfliktpartner, die „knallhart" ihre Interessen durchsetzen wollen, ist gering. In einem solchen Fall gilt es abzuwägen, wie lange man sich noch kooperationsbereit zeigt. Ein zu altruistisches Verhalten geht zu eigenen Lasten. Nach einigen Versuchen der Kooperation ist es besser, wenn man aus dem Spiel aussteigt.

Bei knallharten Partnern aussteigen

Chancen durch Vermittlung

Nachgeben kann dann sinnvoll sein, wenn die Konfliktkosten zu hoch werden. Manchmal ist es klüger zurückzustecken, als zu viel zu investieren. Wann genau dieser Punkt gekommen ist, unterliegt dem eigenen Ermessen.

> **Überlegen Sie, wie viel Sie investieren möchten.**

Eine Chance bleibt bei den Konflikten, bei denen Sie nicht weiter wissen, offen: Ist der Konfliktpartner bereit, einen Vermittler zu akzeptieren, gibt es oft doch noch eine Übereinkunft.

Essentials

- *Zur Konfliktlösung gehören zwei Personen.*
- *Die Einstellung bestimmt das Auftreten.*
- *Bei einer nutzen- und zukunftsorientierten Argumentation fällt es dem Gegenüber leichter, sich kooperativ zu zeigen.*
- *Schauen Sie optimistisch in die Zukunft.*
- *Überlegen Sie, wie es funktionieren könnte.*
- *Die konsequente Wertschätzung des Gegenübers kann Berge versetzen.*

Übung

Welche Strategie ist Ihnen vertraut?

Wie oft sind Sie bereit zu kooperieren?

Wann / In welchen Situationen versuchen Sie, den anderen zu dominieren?

Wann steigen Sie aus dem Spiel aus?

Welche Veränderungen Ihrer gewohnten Strategien könnten Sie vornehmen?

Was können Sie tun, wenn der andere nicht kooperiert?

_____

_____

_____

Welche Verhaltensweisen haben Sie bereits erfolgreich erprobt?

_____

_____

_____

Konfliktfelder

Die Teamuhr

Obwohl wir wissen, dass es im zwischenmenschlichen Miteinander häufig zu Unstimmigkeiten kommt, sind wir meist enttäuscht, wenn wir uns einem Konflikt gegenübersehen – sei es am Arbeitsplatz, sei es im Familien- oder Freundeskreis. Dabei unterliegt das zwischenmenschliche Miteinander sich wiederholenden Regelmäßigkeiten. Immer wieder wechseln sich Phasen von Annäherung und Distanz ab. Was von außen ganz leicht und offensichtlich zu beobachten ist, bemerkt man oft nicht, wenn man im System steckt – es sei denn, man ist sich dessen bewusst. Und dafür kann die Teamuhr eine große Hilfe sein.

Der amerikanische Psychologe *Bruce Tuckman* hat bereits 1965 für Teams eine gewisse Regelmäßigkeit herausgefunden, mit der man Konflikte sogar vorhersagen kann. Seine Theorie hat bis heute Gültigkeit bewiesen. Zu wissen, dass es in einem Team zu Konflikten kommt, ist eine große Entlastung, denn man braucht sich nicht mehr schuldig zu fühlen und zu denken, man habe als Teamleiter oder Teammitglied versagt. Die sogenannte Teamuhr ist auf alle „Teams" übertragbar, sei es eine Ehe, eine Familie, ein Freundeskreis, ein Sportlerteam oder ein Team am Arbeitsplatz.

Konflikte sind vorhersehbar

In seiner Teamuhr unterscheidet Tuckman vier Phasen,
die Teams regelmäßig durchlaufen:

Teamuhr

Das Forming

In der Forming-Phase formt sich die Gruppe zu einem Team. Es findet der erste Meinungsaustausch statt, und jedes Mitglied versucht, seinen Platz zu finden. Gibt es noch keine klar definierte Führung, so wird in dieser Phase ein Teamleiter bestimmt. Die Teilnehmer nehmen Kontakt zueinander auf und rücken die gemeinsame Aufgabe ins Blickfeld.

Das Team formt sich

Die Forming-Phase ist gekennzeichnet von Unsicherheit und Höflichkeit.

Sie ist dann abgeschlossen, wenn jedes Teammitglied weiß, wie es die anderen einschätzen muss, und einen Platz in der Gruppe gefunden hat. Es werden Spielregeln offiziell oder inoffiziell durch Tun eingeführt, die das Zusammenleben oder die Zusammenarbeit regeln sollen. Da in dieser Phase Entscheidungen aufgrund des ersten Eindrucks und der vorhandenen Informationen getroffen werden, müssen diese Regeln später nochmals überprüft und modifiziert werden.

Jeder findet seinen Platz

In der Forming-Phase kommt es darauf an, dass

- man sich Zeit füreinander nimmt,
- jedes Teammitglied seinen Platz findet,
- Gespräche stattfinden,
- jeder die Gründe für die Zusammenarbeit im Team erkennt und anerkennt,
- das Ziel transparent wird,
- jeder Teilnehmer seinen Nutzen erkennt,
- mögliche Ängste ernst genommen werden.

Ziele

93

Forming in der Liebesbeziehung Lernen sich zwei Menschen kennen und verlieben sich ineinander, so ist diese erste Phase dadurch gekennzeichnet, dass sich jeder der beiden von seiner Schokoladenseite zeigt. Man möchte einen guten Eindruck hinterlassen und vom anderen gemocht werden. Dieser erste Eindruck wird in den weiteren Phasen korrigiert, manchmal begleitet von Enttäuschungen.

Das Storming

Die Vereinbarungen tragen nicht Die zweite Phase macht ihrem Namen alle Ehre. Es stürmt hier wirklich. Im Storming ist man mit den ersten Vereinbarungen nicht zurechtgekommen und stellt fest, dass sich etwas ändern muss. Manchmal sind die Konflikte nicht offen, sondern es schwelt unter der Oberfläche. Gereizte und psychosomatische Reaktionen sowie ein innerer Rückzug sind, wie wir gesehen haben, erste Anzeichen, die ein Teamleiter aufnehmen kann, um den Konflikt offen anzusprechen.

Neue Möglichkeiten werden gesucht Beginnt man, neue Wege zu finden, oder sucht einen neuen Umgang miteinander, so führt das schon über die nächste Phase. Ein Teamleiter hat hier die Möglichkeiten, mit der folgenden Konflikttypologie die Ursachen aufzuspüren:

Konflikttypologie

- Der Teamleiter und alle Teammitglieder bemühen sich, Missverständnisse aufgrund von Digitalisierungen zu erkennen und eine Annäherung zu suchen.

- Der Teamleiter und die Teammitglieder tauschen sich über unterschiedliche Drehbücher zu den relevanten Themen aus (z. B. Zusammenarbeit, Entscheidungsfindung, Problemlösung). Es wird versucht, ein gemeinsames Drehbuch zu erarbeiten.

■ Der Teamleiter oder die Mitglieder formulieren nochmals ihr gemeinsames Ziel und überprüfen, ob sie auf dem richtigen Weg sind oder ob das Ziel modifiziert werden muss.

■ Der Teamleiter und die Teammitglieder stellen die angesprochenen grundlegenden Werte und Grundsätze zusammen. Es wird eine Annäherung gesucht.

■ Der Teamleiter hat außerdem die Aufgabe, die Teilnehmer zu ermutigen und konstruktive Ansätze zu fördern.

Gelingen die ersten Schritte in die konstruktive Richtung, gelangt das Team in die dritte Phase.

Im Falle des Liebespaares besteht nun die Chance, sich zu trennen. Meist tritt das erste große Storming nach ein bis zwei Jahren auf. Viele Paare nehmen dann Abschied voneinander und versuchen es mit einem anderen Partner, obwohl sie auch hier in der gleichen Zeitspanne an ihre Grenzen stoßen werden. Zu einer tieferen Partnerschaft im Tuckman'schen Teamsinne kommt es nicht. Der Kontakt bleibt relativ oberflächlich und unverbindlich in der Storming-Phase.

Storming in der Liebesbeziehung

Das Norming

In dieser dritten Phase werden die im Storming begonnenen Prozesse zu Ende geführt. Das Team gibt sich neue „Normen", also Rahmenbedingungen und Regeln, wie es zukünftig miteinander umgehen möchte. Das gilt für Zweierbeziehungen genauso wie für kleine und große Gruppen. Wird diese Phase erfolgreich und konstruktiv abgeschlossen, tritt das Team in die vierte Phase ein.

Neue Normen werden gesucht

95

Kompromisse werden angestrebt Die vorangegangenen Auseinandersetzungen im Storming erleichtern numehr den offenen Austausch von Standpunkten. Es werden Möglichkeiten der Zusammenarbeit besprochen und tragfähige Kompromisse gesucht. Kann das Team bereits die ersten inhaltlichen Erfolge verzeichnen, so erleichtert das ein neues Norming.

Ziele In dieser Phase ist darauf zu achten, dass

- ▓ nicht nur über die inhaltliche Zusammenarbeit, sondern auch über das kommunikative Miteinander gesprochen wird,
- ▓ alle getroffenen Vereinbarungen schriftlich festgehalten werden,
- ▓ das gemeinsame Ziel nochmals besprochen und vereinbart wird,
- ▓ die Interessen und Stärken der Teammitglieder berücksichtigt werden.

Das Performing

Das Team arbeitet effektiv Erst jetzt, im Performing, ist ein Team in der Lage, sich effektiv um seine Aufgaben zu bemühen. Diese Phase ist gekennzeichnet durch eine Atmosphäre der Anerkennung, Akzeptanz und Wertschätzung. Das Team hat für sich selbst die Verantwortung übernommen, und es steht die inhaltliche Arbeit im Vordergrund.

Vertrauen Ein Teamleiter sollte in dieser Phase seinem Team uneingeschränktes Vertrauen entgegenbringen, es nach außen hin positiv vertreten und regelmäßige Besprechungen durchführen. Mit dieser Stragegie erhält er die Performing-Phase so lange wie möglich aufrecht.

Je nach individueller Zusammensetzung und Aufgabe bleibt diese Phase unterschiedlich lange stabil. Sobald eine Veränderung eintritt, beginnt der Teamprozess von neuem. Falls ein neuer Teamleiter kommt, die Aufgabe verändert wird, ein Teammitglied ausgetauscht wird oder sich die Rahmenbedingungen verändern, startet ein Team wieder im Forming. Auf der Ebene der Zweierbeziehung sind solche kritischen Phasen: Hochzeit, beruflicher Wechsel, Umzug, die Geburt von Kindern und jede neue Lebensphase von Kindern und Erwachsenen.

Der Prozess beginnt von neuem

Menschen, die einen fairen und guten Umgang miteinander pflegen und gute Streiter sind, brauchen nicht mehr für jede Phase ein Viertel der Teamuhr. Sie durchlaufen ein kurzes Forming, bemerken schnell das Konfliktpotential, lösen die Konflikte mit Ideenreichtum und können den ganzen Rest der Uhr im Performing ein zufriedenes Dasein führen.

Schnellerer Durchlauf durch die ersten drei Phasen

Konfliktphasen zwischen Storming und Norming

Konflikte, die bearbeitet werden und zu einer Lösung kommen, also vom Storming zum Norming überwechseln, durchlaufen in der Regel fünf Phasen:

1. Phase
Der Konflikt ist für die Partner noch nicht sicht- oder greifbar. Man hat vielleicht ein ungutes Gefühl, kann es aber nicht genau bestimmen. Dass ein Konflikt besteht, heißt nicht, dass er bemerkt wird. Viele Probleme, die Menschen miteinander haben, resultieren daraus, dass existierende Konflikte zu wenig Beachtung finden. So können sie nicht aktiv bearbeitet werden.

Latenter Konflikt

97

Manifestation des Konfliktes

2. Phase

Ein auslösendes Ereignis bringt einen schwelenden Konflikt an die Oberfläche. Er wird manifest und bereitet meist unangenehme Gefühle.

Manchmal entfällt auch diese Phase, und die Teammitglieder reagieren sofort auf den latenten Konflikt.

Reaktion auf den Konflikt

3. Phase

Die Konfliktparteien beginnen auf den Konflikt zu reagieren:

- Es kommt zu einer Auseinandersetzung, oder
- jeder macht den Konflikt mit sich selbst aus, oder
- man versucht den Konflikt zu ignorieren, oder
- man lenkt ab und wechselt das Thema, oder
- man versucht in einer anderen Form mit dem Konflikt umzugehen.

Konfliktbearbeitung

4. Phase

Im Idealfall kommt es zur vierten Phase, in der der Konflikt bearbeitet werden kann (Übergang zum Norming). Meistens werden Gespräche mit allen an dem Konflikt beteiligten Personen geführt. Am ergebnisreichsten ist es, wenn eine unabhängige Person diese Gespräche moderiert.

Abschluss

5. Phase

Die Konfliktparteien finden einen Weg, um mit den Differenzen umzugehen (Norming):

- Sie einigen sich auf einen neuen Umgang untereinander und mit der Situation,
- sie verändern die Rahmenbedingungen so, dass der Konflikt nicht mehr auftritt,
- sie beschließen, sich zukünftig aus dem Weg zu gehen.

Werden die Phasen vier und fünf im Konfliktverlauf ausgelassen und durchlaufen die Konfliktpartner wiederholt die Phasen eins bis drei, dann ist der Konflikt zirkulär geworden. Er wiederholt sich stets aufs Neue. Es ist, als würde das Team von einem beginnenden Norming immer wieder in das Storming zurückpendeln.

Ein Teufelskreis

Was können Sie tun?

Die Teamuhr nimmt sehr zuverlässig und regelmäßig ihren Lauf. Gestalten Sie jede Phase aktiv und bereiten Sie sich nach einem Forming bereits auf ein Storming vor. Überlegen Sie, mit welchen Methoden Sie in das Norming überleiten möchten. Beachten Sie bereits die kleinsten Sturmanzeichen, verbalisieren Sie das Konfliktpotential und leiten Sie zum Norming über. Nutzen Sie dafür die verschiedenen Konfliktphasen zwischen Storming und Norming.

Konflikte frühzeitig erkennen und vorbeugen

Berücksichtigen Sie die Tatsache, dass bei jeder Veränderung im Team oder im Prozess der Kreislauf von neuem beginnt. Bereiten Sie Ihr Team darauf vor und versuchen Sie zu vermitteln, dass Konflikte dazu dienen, eine echte Performing-Phase zu ermöglichen.

Essentials
- *Konflikte gehören dazu.*
- *Die anspruchsvollste Phase in der Teamuhr ist der Übergang zwischen Storming und Norming.*
- *Reife Teams verbringen die meiste Zeit im Performing.*
- *Teams, die die Performing-Phase erreichen, haben eine tragfähige Beziehung entwickelt.*

■ *Tritt eine Veränderung ein, beginnt der Zyklus von neuem.*

■ *Je öfter ein Team die Uhr durchläuft, umso schneller und geübter erreicht es die Performing-Phase.*

■ *Zwischen Storming und Norming laufen fünf verschiedene Phasen ab.*

Übung

Welche der vier Phasen der Teamuhr konnten Sie wiedererkennen? Suchen Sie konkrete Beispiele aus Ihrem Erfahrungsschatz.

Forming:

_____

_____

_____

Storming:

_____

_____

_____

Norming:

_____

_____

_____

Performing:

_____

_____

_____

Wie schaffen Sie mit einem Team oder in der Familie am besten den Übergang vom Storming zum Norming? Welche Ideen haben Sie?

_____

_____

_____

_____

Wie sag ich's?
Konflikte im Führungsalltag

Wenn einem im Unternehmen eine Führungsaufgabe übertragen wird, so ist man zunächst hocherfreut. Für den jahrelangen Einsatz wird man nun doch noch belohnt. Eine Flasche Sekt wird entkorkt, und man nimmt die Glückwünsche entgegen. Sobald man sich im neuen Büro eingelebt hat, beginnt man, mit seinen Mitarbeitern Gespräche zu führen, und realisiert sehr schnell, was Führung bedeutet: Konfliktmanagement. Die Fähigkeit, mit Konflikten umzugehen, ist eine alltägliche und wichtige Voraussetzung, um einer Führungsaufgabe gerecht zu werden.

Neue Führungsaufgaben übernehmen

101

Führung ist Konfliktmanagement.

Verschiedene Bedürfnisse berücksichtigen

Es ist nicht ganz einfach, im Tagesgeschäft den Spagat zwischen Mitarbeiterbedürfnissen, Interessen des Unternehmens und eigenen Ansichten zu schaffen. Man fühlt sich schnell zwischen den Fronten zerrissen und würde doch viel lieber mit allen Beteiligten kooperativ und konstruktiv zusammenarbeiten.

Hierarchien verursachen Konflikte

Jeder hierarchische Unterschied bietet außerdem ein Konfliktpotential. Der unterschiedliche soziale Status zwischen Menschen provoziert Konflikte, da hierarchische Beziehungen von Konkurrenz und gleichzeitig von dem Bedürfnis nach Anerkennung gekennzeichnet sind. Ein Mitarbeiter will seine Aufgabe gut machen und das ein oder andere Lob einstecken. Aber auch eine Führungskraft will beliebt sein und hofft, dass ihre Entscheidungen beachtet werden. Und beide wünschen sich, dass sie vom anderen respektiert werden.

Reflektieren Sie Ihre eigenen Bedürfnisse. Von wem wünschen Sie sich Respekt und Achtung?

Übung

Auf Seite 104 haben Sie Gelegenheit, ein Soziogramm zu erstellen. Wer steht Ihnen besonders nahe? Auf wessen Anerkennung legen Sie besonderen Wert? Platzieren Sie den oder die wichtigsten Menschen nahe um sich herum. Je weiter weg Sie sich von einem Menschen fühlen, umso entfernter platzieren Sie ihn im Soziogramm.

Beispiel für ein Soziogramm

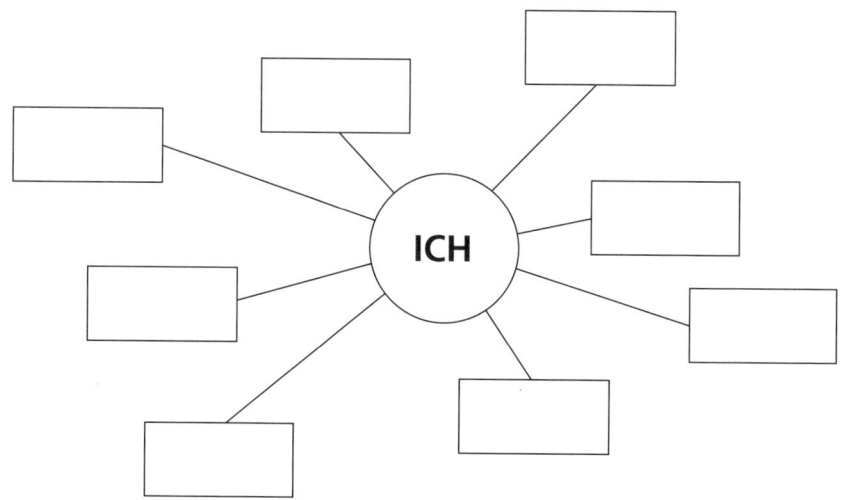

Familie und Freundeskreis

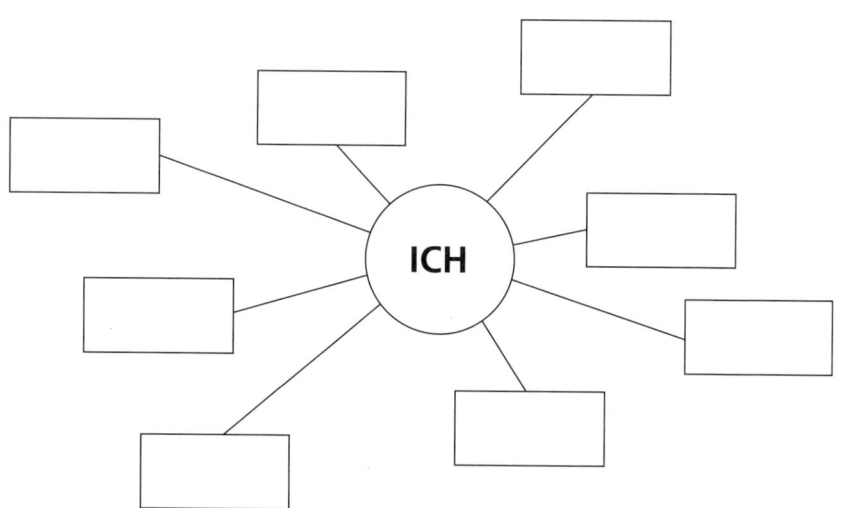

Beruf

Um diesen anspruchsvollen Führungsaufgaben gerecht zu werden, braucht eine Führungskraft eine stabile Haltung, mit der sie einige Enttäuschungen verkraften kann. In den ersten Tagen kann der junge Chef Vertrauen aufbauen, indem er die Mitarbeiter in die Entscheidungsfindung miteinbezieht und so deren Erfahrung nutzt. Er sollte seine Entscheidungskriterien offen legen und eine geplante Korrekturschleife einbauen. So beugt er kritischen Stimmen vor, die ihn für wankelmütig halten, wenn er eine Entscheidung revidiert.

Verhalten in den ersten Tagen

Dieses Verfahren beinhaltet nichts anderes, als über Digitalisierungen zu sprechen und Drehbücher offen zu legen. Je mehr die Mitarbeiter bereit sind eine Führungskraft von ihren Erfahrungen profitieren zu lassen, umso sicherer sitzt der Chef im Sattel. Die wichtigsten Themen, die zu Beginn besprochen werden sollten, sind: Delegation, Verantwortung, Mitarbeitergespräche, Anerkennung, Entscheidungsfindung, Projektarbeit und Kontrolle.

Die wichtigsten Themen

Gerade bei dem letzten Thema haben die meisten Menschen schlechte Erfahrungen gemacht. Umso wichtiger erscheint es, dass der neue Chef seine Ideen offen legt und die Kontrolle für alle Mitarbeiter transparent und berechenbar wird. Damit verliert die Kontrolle ihre negative Komponente. Erst wenn prüfende Blicke willkürlich und unberechenbar eingesetzt werden, empfinden wir sie als Bedrohung. In dieser konstruktiven Form ist sie nichts anderes als ein Feedback, durch das wir Sicherheit gewinnen können.

Umgang mit „Kontrolle"

Wichtig in dieser ersten Phase ist es auch, gemeinsam ein Ziel zu definieren. Das kann beispielsweise im Rahmen eines kleinen Kennenlern-Workshops geschehen. Das neue Team muss sich ja erst formieren.

Handlungsspiel-
raum festlegen

Ebenfalls in den ersten Tagen sollte die Führungskraft mit jedem einzelnen Mitarbeiter ein Gespräch führen, um den jeweiligen Aktionsraum festzulegen. Der Aktionsraum ist der Handlungsspielraum, den eine Führungskraft einem Mitarbeiter zugesteht bzw. den ein Mitarbeiter für sich beansprucht. Es ist manchmal nicht ganz einfach, den Handlungsspielraum zwischen Führungskraft und Mitarbeitern eindeutig zu trennen, da sich immer wieder Überschneidungen entwickeln.

Kompetenz-
gerangel
vorbeugen

Bei der Erfüllung einer Aufgabe, die an einen Mitarbeiter delegiert wurde, kann es notwendig werden, in den Aktionsraum der Führungskraft einzugreifen. Hat es die Führungskraft versäumt, bei der Delegation die Grenzen klar zu bestimmen, oder vergessen, die notwendige Verantwortung und Kompetenz mitzudelegieren, geraten die Drehbücher beider durcheinander. Die Parteien beanspruchen den gleichen Aktionsraum für sich.

Überschneidungen
bei höheren
Qualifikationen

Je höher die Qualifikation eines Mitarbeiters ist, umso häufiger überschneiden sich die Aktionsräume. Das produziert Konflikte. Mit einer eindeutigen Abgrenzung der Aktionsräume kann die Unstimmigkeit geklärt werden. Idealerweise sollten Führungskraft und Mitarbeiter in einem ständigen Austausch stehen, denn die Aktionsräume können sich immer wieder überschneiden und müssen bei jeder Vereinbarung neu abgesteckt werden.

Immer miteinander im Gespräch bleiben.

Die Leistungs-
beurteilung

Eines der wichtigsten Führungsinstrumente sind Kritik- oder Feedbackgespräche. Der Chef gibt dem Mitarbeiter eine Orientierung über seine Einschätzung von dessen Leistung. Viele Führungskräfte fühlen sich dieser Aufgabe nicht gewachsen. Wie formuliert man kritische Worte am besten? Soll man sie in ein Lob verpacken?

Diese Überlegungen sind verständlich. Schließlich will man den anderen nicht verletzen, gleichzeitig aber dennoch sein Anliegen vorbringen. Und nicht alle Mitarbeiter kann man nur loben. Grundsätzlich gilt die Regel: „Erwische ihn, wenn er es gut macht". Das bedeutet, dass man sich als Führungskraft darauf konzentrieren sollte, Fähigkeiten und Verhaltensweisen des Mitarbeiters zu erkennen und anzuerkennen, die positiv sind. Denn das, was man als Vorgesetzter beachtet, verstärkt sich. Richtet man sein Augenmerk vorzugsweise auf die Misserfolge des anderen, erwischt man ihn also nur, wenn es nicht klappt, dann nehmen diese negativen Aspekte häufig zu viel Raum ein. Denn der Mitarbeiter konzentriert sich dann vor allem darauf, Misserfolge zu vermeiden, anstatt Erfolge zu erbringen.

Beim Erfolg ertappen

Kritik formulieren

Das Wichtigste bei Kritikgesprächen ist, dass die Verhaltensebene von der Identitätsebene getrennt wird. Der Umgang miteinander beschränkt sich auf das Verhalten, deswegen sollten Lob und Kritik auf dieser Basis formuliert werden. Die Identität des anderen sollte man nicht anrühren.

Verhalten und Identität trennen

Sagt eine Führungskraft beispielsweise: „Sie sind einfach Klasse, ein vorbildlicher Mitarbeiter", dann lobt er den Mitarbeiter auf der Identitätsebene. Er sagt ihm, was er seiner Meinung nach *ist*. Ein kritisches Wort wird diesen Mitarbeiter dann viel stärker treffen, als wenn sich Lob und Kritik gleichermaßen auf die Verhaltensebene konzentrieren. Besser wäre zu formulieren: „Ihr Engagement

Formulierungs-beispiele

bei Projekt XY hat mir besonders gut gefallen. Ich habe mich darüber gefreut, wie zielorientiert Sie das Projekt betreut haben." Je konkreter und je konsequenter Lob und Kritik ausfallen, umso mehr kann der Mitarbeiter damit anfangen.

Auf eigene Beobachtungen verlassen

Außerdem ist es wichtig zu berücksichtigen, dass der Kritiker immer seine Sichtweise wiedergibt und sich auf Tatsachen beruft, die er selbst beobachtet hat. Vermeiden Sie Kritikgespräche, die Sie aufgrund von Beobachtungen anderer führen. Machen Sie sich erst selbst ein Bild, bevor Sie ein Gespräch beginnen. Die eigenen Sichtweisen können immer noch Beobachtungsfehler aufweisen, sie sind aber zuverlässiger als die Wahrnehmungen Dritter.

Eine Kritik wie „Sie sind einfach zu ungenau" trifft härter, als wenn konkret formuliert wird: „Bei der Überprüfung des Projektberichtes haben Sie einige Unstimmigkeiten nicht berücksichtigt. Ist Ihnen das aufgefallen?"

> **Kritik konkret auf der Verhaltensebene äußern.**

Den Mitarbeiter antworten lassen

Dem Mitarbeiter sollte in einem Beurteilungsgespräch die Chance gegeben werden, sich zu der vorgebrachten Kritik zu äußern. Vielleicht hat der Mitarbeiter einen Grund dafür, dass er die Unstimmigkeiten im Bericht nicht angemerkt hat. Nutzen Sie auch ein einzelnes Gespräch nicht dazu, Ihrem Gegenüber alles „um die Ohren zu hauen", was Ihnen im letzten halben Jahr aufgefallen ist. Weitaus effektiver ist ein Gespräch, in dem immer genau das gelobt bzw. kritisiert wird, was aktuell vorgefallen ist.

Grundsätzlich sollten Lob und Kritik nicht vermischt werden. Jedes Lob, das Sie nutzen, um eine Kritik leichter verdaulich zu machen, bekommt einen faden Beigeschmack. Wenn Sie jemandem Anerkennung geben möchten, dann tun Sie das und nur das. Das Gleiche gilt für kritische Worte.

Lob und Kritik trennen

Menschen wachsen durch Lob eher über sich hinaus als durch Kritik. Denn das, was die Führungskraft beachtet, was sie in den Mittelpunkt ihres Interesses rückt, verstärkt sich automatisch.

Essentials

- *Konflikte verlaufen phasenweise.*
- *Übernimmt man eine Führungsaufgabe, sollte man den Start mit Bedacht planen.*
- *Es ist wichtig, immer miteinander im Gespräch zu bleiben.*
- *Kritische Worte sollen*
    - *möglichst zeitnah am Ereignis geäußert werden,*
    - *verhaltens-, nicht identitätsorientiert formuliert werden,*
    - *sich auf eine konkrete Handlung beziehen (nicht pauschal),*
    - *dem Mitarbeiter die Chance geben, Stellung zu nehmen.*

Übung

Formulieren Sie für einen Mitarbeiter eine Kritik.

Beispiel: Ein Mitarbeiter gibt seine Ergebnisse immer ein bis zwei Tage später als vereinbart ab. Obwohl Sie inzwischen dazu übergegangen sind, ihn selbst festlegen zu lassen, wann er das Ergebnis liefern möchte, können Sie sich immer noch nicht auf die Vereinbarung verlassen. Gerade hat er Ihnen ein Papier abgeliefert, das er für vorgestern versprochen hatte. Dies ist insofern für Sie ärgerlich, als auch Sie ihre Terminzusagen nicht mehr einhalten können.

Beachten Sie bei Ihrer Formulierung die Kriterien Verhaltensorientierung und konkrete Beschreibung.

Kritik:

Warum siehst du das anders?
Konflikte zwischen Freunden
und Paaren

In vertrauteren Beziehungen, wie unter Freunden oder bei einem Paar, gibt es zwar die gleichen Konfliktursachen wie zwischen Menschen, die sich weniger nahe stehen, aber es trifft uns in der Regel stärker, wenn etwas nicht funktioniert. Jeder Mensch sucht sich Freunde, um zu entspannen und zu genießen und von den Mühen des beruflichen Alltags Abstand zu gewinnen. Wenn es nun in der Familie oder im Freundeskreis auch noch kriselt, fühlt man sich über die Maßen beansprucht.

In engen Beziehungen schmerzen Konflikte mehr

Aber auch in diesen Fällen kann man mit Engagement, der Suche nach der Konfliktursache und dem Interesse, eine Lösung zu finden, friedlich die Dinge besprechen und aus der Welt schaffen.

Nehmen wir an, ein Paar streitet sich über folgendes Phänomen: Wenn er einen Freund trifft, mit Kollegen spricht oder einen Anruf erhält, verabredet er sich gerne spontan. Dabei macht er mal einen Termin für sich alleine aus, mal für sich und seine Frau und andere Male auch etwas für die ganze Familie. Das bereitet ihm Freude und trägt seiner spontanen Art Rechnung.

Ein Beispiel

Ihr hingegen ist dies unangenehm, denn häufig erfährt sie erst kurz vorher, was mit wem für wann vereinbart wurde. Manchmal erfährt sie es auch gar nicht, sondern es steht plötzlich unerwartet Besuch vor der Tür. An manchen Tagen kommt der Partner auch ohne Ankündigung später, und sie muss ein lang geplantes Treffen absagen. Sie verabredet sich auch gerne mit Freunden, wünscht sich aber von ihm, dass er das anders organisiert.

Zum Beispiel könnte er sie anrufen und fragen, ob es ihr recht ist, wenn er etwas für die ganze Familie organisiert. Sie könnten dann gemeinsam überlegen, welcher Termin der beste ist, denn auch die Kinder verplanen einen Teil ihrer Zeit.

Gemeinsam Konfliktursachen suchen
Das Paar setzt sich nun zusammen und erkundet die vier Konfliktursachen: Die unterschiedlichen Interpretationen können es nicht sein, die Ziele auch nicht. Wahrscheinlich spielen die verschiedenen Drehbücher eine Rolle. Welche Werthaltungen stecken eigentlich hinter diesen unterschiedlichen Bedürfnissen?

Werthaltungen hinter den Bedürfnissen erkennen
Sie fragen sich also: „Was ist es, das dich zufrieden sein lässt, wenn du dich spontan verabreden kannst?", und „Was lässt dich zufrieden sein, wenn du gefragt wirst, ob dir ein Termin passt?" Diese Fragen helfen, den anderen in seinem Anderssein zu verstehen. Beide Seiten nehmen sich Zeit, um in Ruhe zu überlegen. Folgende Liste entsteht:

■ *Er*: Freiheit/Unabhängigkeit, Jugendlichkeit, Gefühl der Lebendigkeit, Selbstbestimmung.
■ *Sie*: Gleichwertigkeit, Wertschätzung, ernst genommen werden, Selbstbestimmung.

Zielkonflikte
Zunächst einmal löst diese Liste einen gegenseitigen Aha-Effekt aus. Einerseits wussten beide Parteien nicht, welche Kräfte sie treiben, zum anderen lernen sie so ihren Partner besser kennen. Aber was sollen sie tun? Erfüllt sich der eine Partner einen Wunsch, so steht das dem gleichen Wunsch des anderen im Weg.

Nun geht es darum, von einem „Entweder-du-oder-ich"-zu einem „Sowohl-als-auch"-Denken überzuwechseln. Nicht ein Partner kann auf Kosten des anderen leben, sondern beide müssen einen Weg finden, wie jeder von ihnen zu seinem Recht kommt. Manchmal ist das nur eine Frage des Timings: Mal ist der eine, mal der andere an der Reihe. Außerdem überlegen beide, in welchen Situationen sie ihre Bedürfnisse nach Freiheit (er), Jugendlichkeit (er), Wertschätzung (sie) oder Gleichwertigkeit (sie) noch ausleben können. Verabredungen sind sicherlich nicht die einzige Situation, in der eine Quelle zur Erfüllung eigener Bedürfnisse liegt. Er fragt sich: „Was hält mich noch jung? Vielleicht ab und an mal laute Musik hören, eine Nacht durchmachen oder eine Urlaubsreise mit einem Freund?" Sie fragt sich: „Wann empfinde ich meine Gleichwertigkeit in der Ehe? Vielleicht, wenn ich wieder regelmäßig Sport treibe, die Hausarbeit an eine Hilfe abgebe oder öfter mit einer Freundin ausgehe?" Beide überlegen, wie sie sich selbst etwas Gutes tun können, damit das Streitthema keinen so großen Raum mehr einnehmen muss.

Bedürfnisse aufeinander abstimmen und Möglichkeiten der Erfüllung suchen

Natürlich erfahren die Partner bei dieser Diskussion auch etwas über die Grenzen, die das Zusammenleben beinhaltet. Nachdem sie eine einvernehmliche Lösung gefunden haben, schreiben sie gemeinsam ein neues Drehbuch und gehen in die Probephase. Nach ein paar Wochen überprüfen sie ihre neue Strategie und verändern wieder etwas in Bereichen, in denen sie noch nicht zufrieden sind.

Gemeinsam ausprobieren

Manchmal muss man ein Drehbuch öfter überarbeiten und mehrfach ausprobieren, bis man eine Lösung gefunden hat, die nicht nur am „grünen Tisch" gut klingt, sondern auch praxistauglich ist. Je geduldiger die Partner mehrere Anläufe in Kauf nehmen, umso sicherer kommen sie zu einer beständigen Lösung.

Voraussetzung für eine erfolgreiche Konfliktlösung

Voraussetzung für diese Art von Konfliktbearbeitung ist natürlich, dass beide bereit sind, für die Freundschaft oder das Zusammenleben etwas zu tun. Jeder wird Abstriche oder Zugeständnisse machen können. Keiner kann mit seinem Verhalten mit dem Kopf durch die Wand.

Das Zusammenleben im Privatleben wie im Beruf bewegt sich in einem Spannungsfeld zwischen den Punkten „Ich", „Wir" und „Es".

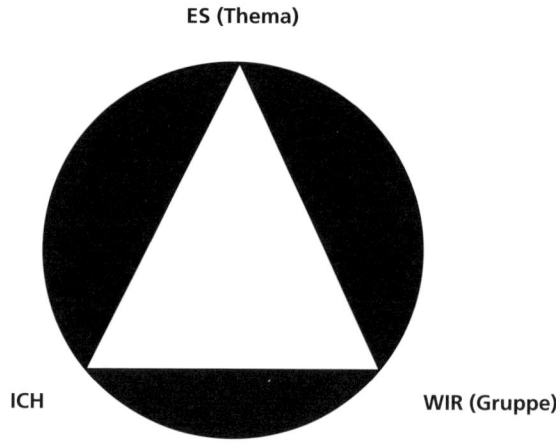

ES (Thema)

ICH   WIR (Gruppe)

Die Themenzentrierte Interaktion (TZI) nach Ruth Cohn

Spannungsfelder des Menschen in der Gemeinschaft

Ruth Cohn, die Begründerin der Themenzentrierten Interaktion (TZI) vertritt mit dem Hinweis auf dieses Spannungsfeld die Ansicht, dass Menschen grundsätzlich in Gemeinschaften leben und diesem Zusammenleben nur dann gerecht werden können, wenn sie ihre eigenen Bedürfnisse auf die Wünsche der anderen abstimmen und das gemeinsame Thema im Auge behalten: Warum sind wir hier zusammen? Was wollen wir erreichen? Der dieses Spannungsfeld umgebende Kreis in der Zeichnung deutet an, dass wir uns in einem festen Umfeld bewegen, das wir bei unseren Entscheidungen berücksichtigen müssen. Diese Umweltbedingungen beeinflussen unser Sein und unsere Gestaltungsmöglichkeiten. Der Kreis steht für die natürlichen Gegebenheiten, die politischen Strukturen, das Unternehmen, in dem wir arbeiten und für die familiären und freundschaftlichen Strukturen, in denen wir leben.

Wenn wir also in einen Konflikt mit einem Partner treten, dann dürfen wir uns nach Ruth Cohn nicht nur fragen: „Was will ich?", sondern: *„Wie passt das, was ich möchte, mit dem, was die anderen möchten, zusammen?",* und: *„Wie können meine Bedürfnisse die gemeinsame Aufgabe fördern?"*

Das gemeinsame Thema im Auge behalten

Ruth Cohn räumt ein, dass es Situationen im Leben geben kann, in denen das Ich die anderen Ecken des Dreiecks dominiert, oder die Bedürfnisse der anderen so weit im Vordergrund stehen, dass man selbst zurückstecken muss. In einem System kann man aber nur dann stabil und fair miteinander zusammenleben oder zusammenarbeiten, wenn es auf lange Sicht hin eine Balance zwischen den Bedürfnissen aller Beteiligten ermöglicht.

Balance zwischen den Bedürfnissen aller

Hat beispielsweise ein junges Paar ein Baby bekommen, so stehen die Bedürfnisse des Babys für einige Zeit im Vordergrund. Beide Elternteile nehmen ihre individuellen und gemeinsamen Bedürfnisse zurück und konzentrieren sich voll und ganz auf die Wünsche des Kindes. Eine Familie bleibt aber auf lange Sicht nur stabil, wenn auch die Eltern lernen, ihre eigenen Bedürfnisse wieder wahrzunehmen und auszuleben. Jeder braucht einen

Eigene Bedürfnisse nicht dauerhaft vernachlässigen

Freiraum für sich als Individuum, und die Eltern benötigen Zeit, um sich als Paar erleben zu können. Nachdem das Kind einige Zeit im Mittelpunkt stand, muss es lernen, die Ziele und Wünsche der Eltern zu respektieren. Gelingt die Balance im Kleinkindalter nicht, treten Konflikte auf.

Essentials

- *Bleiben Paare und Freunde im Gespräch miteinander, können sie anhand der vier Konfliktursachen eine Lösung erarbeiten.*
- *Manchmal stehen die Wünsche des einen den Wünschen des anderen im Wege.*
- *Oft funktioniert ein „Sowohl-als-auch".*
- *Im Zusammenleben muss eine Balance zwischen den Bedürfnissen aller innerhalb der Rahmenbedingungen gefunden werden.*
- *Es gibt Phasen im Leben, in denen die eigenen Wünsche im Vordergrund stehen.*

Übung

Denken Sie an den letzten Konflikt mit Ihrem Partner, bei dem Sie sich für eine „Entweder-oder-Lösung" entschieden haben. Wie hätte eine „Sowohl-als-auch-Lösung" aussehen können? Halten Sie Ihre Ideen fest. Sie können für die nächste Auseinandersetzung eine Hilfe sein.

Ideensammlung

Ich habe alles getan ...
Konflikte mit Kunden

Mit Kunden stehen wir in einem ungleichen Span- **Das Verhältnis**
nungsverhältnis. Einerseits wollen sie zwar etwas von **zum Kunden**
uns, andererseits ist der Marktdruck groß, und ein Kunde
ist schnell von der Konkurrenz abgeworben, wenn Qualität oder Service nicht stimmen. Das heißt, wir müssen
uns mehr Mühe geben, als wir manchmal wollen. Wir
machen Zugeständnisse, obwohl wir denken, es ist
eigentlich genug. Wir geben nach, obwohl wir die Anfor-
derung schon frech finden. So bringen wir uns nach und
nach in eine unterlegene Position, und der Kunde kann
mit uns (fast) alles machen.

Um Konflikten vorzubeugen, die sich aus solchen enttäu- **Von Beginn an**
schenden Situationen ergeben, ist es ratsam, von Anfang **Regeln aufstellen**
an Regeln für den Umgang miteinander zu besprechen,
also unterschiedliche Interpretationen zu überprüfen und
Drehbücher abzugleichen. Viele Kunden sind dankbar für
ein faires Miteinander, und letztendlich haben sie auch
nichts davon, wenn der Anbieter sich auf dem Markt nicht
halten kann, weil der Preisdruck zu stark geworden ist.

Wenn Sie ein Produkt oder eine Dienstleistung einem **Dem Kunden den**
Kunden schmackhaft machen wollen, dann versetzen Sie **Nutzen erklären**
sich konsequent in seine Rolle. Argumentieren Sie nicht

aus Ihrer Sicht, sondern überlegen Sie, welchen Nutzen das Produkt oder die Dienstleistung für Ihren Kunden hat. Welche Aspekte wären für Sie als Ihr eigener Kunde von Vorteil?

> **Stellen Sie im Gespräch den Nutzen für den anderen in den Vordergrund.**

Besprechen Sie möglichst vor dem Eintreten schwieriger Situationen, wie sie damit umgehen wollen: Was soll passieren, wenn nicht geliefert werden kann? Wie lange dauern Reklamationen? Etc.

Offenheit statt Taktieren Aber auch wenn das Kind schon in den Brunnen gefallen ist, kann es besser sein, wenn man mit offenen Karten spielt und miteinander spricht, als wenn man zu viel taktiert. Wenn der Kunde anfängt misstrauisch zu werden und Sie für unglaubwürdig hält, kann das Verhältnis nicht mehr lange aufrechterhalten werden. Oft wird nur noch ein Vorwand gesucht, um den Vertrag zu kündigen. Der eigentliche Bruch geschah aber schon viel früher.

> **Seien Sie möglichst offen und ehrlich.**

Das gemeinsame Ziel im Auge behalten Fokussieren Sie in Gesprächen mit Kunden immer das gemeinsame Ziel. Er will kaufen, Sie wollen verkaufen. Das passt, und es geht nur noch um Details. Haben Sie bei Ihren Kundenbeziehungen auch immer die Teamuhr im Hinterkopf. Wenn es nicht um einen einmaligen Vertrag, sondern um eine längerfristige Zusammenarbeit geht, kann es schon mal zum Storming kommen. Wenn man das weiß und versucht, zur Norming-Phase überzuleiten, ist das hilfreich. Man kniet nicht mehr erschrocken vor den Scherben und weiß nicht, wie alles weitergehen soll.

Seien Sie nur im begrenzten Maße altruistisch. Wenn Sie das Gefühl haben, Sie reichen Ihrem Kunden heute den kleinen Finger und morgen will er die ganze Hand, dann ist es besser, früh zurückzutreten. Es lohnt nicht, sich lange ausnutzen zu lassen. Irgendwann wären die Kosten für Sie sowieso zu hoch, und Sie würden Abstand nehmen. Dann ärgern Sie sich aber über alles, was Sie investiert haben.

Sich nicht übervorteilen lassen

Auch wenn das Verhältnis nicht ganz ausgewogen ist, lohnt es sich zu versuchen, möglichst viel Partnerschaftlichkeit hineinzubringen. Beide wollen etwas voneinander, beide müssen mit der Kooperation langfristig zufrieden sein, beide ziehen aus dem Verhältnis einen Nutzen. Jedes Kundenverhältnis, bei dem eine Partei sich übervorteilt fühlt – unabhängig davon welche –, löst sich früher oder später auf.

Essentials

- Je früher Regeln für ein Fairplay etabliert werden können, umso leichter ist der Umgang mit Konflikten.
- Das gemeinsame Ziel steht immer im Mittelpunkt.
- Der Nutzen für Ihr Gegenüber (Kunde) ist der Maßstab für Ihre Argumentation.
- Ehrlichkeit schafft langfristige Kundenbeziehungen.

Übung

Bereiten Sie Ihr nächstes Kundengespräch vor. Versetzen Sie sich in die Lage Ihres Kunden (Position 2) und überlegen Sie, welche Vorteile Ihr Produkt oder Ihre Dienstleistung für Ihren Kunden hat. Aus welchen Gründen arbeitet Ihr Kunde mit Ihnen zusammen? Sammeln Sie diese Ideen und formulieren Sie eine Nutzenargumentation, die Ihnen bei Ihrem nächsten Besuch eine Hilfe sein könnte.

Idee	Nutzenargumentation

Konfliktmediation

Führungskräfte haben oft die Aufgabe, bei Auseinandersetzungen zwischen Abteilungen, Gruppen oder einzelnen Mitarbeitern zu vermitteln. Hier kann es sehr hilfreich sein, über das entsprechende Handwerkszeug zu verfügen, um allen Beteiligten wirklich weiterzuhelfen.

Handwerkszeug für Führungskräfte

Definition des Mediators
Ein Mediator ist ein Vermittler, in manchen Fällen auch ein Schiedsrichter. In der Regel befindet er sich in einer unabhängigen dritten Position und versucht, gemeinsam mit den beiden Konfliktparteien eine Lösung zu finden. Er greift aktiv in den Einigungsprozess ein, hinterfragt auch den Inhalt von Vereinbarungen, entwickelt aber keine eigene Vorstellung von der „besten" Lösung.

Ein Konfliktmediator kann aus verschiedenen Gründen zu einem bestehenden Konflikt hinzugerufen werden. Manchmal wollen die Streitenden die Meinung eines unabhängigen Vertrauten hören, oder sie suchen Unterstützung bei der Problemlösung, weil sie sich selbst verrannt haben oder der Konflikt zu eskalieren droht. Bekannt geworden ist die Konfliktmediation auch durch die alljährlichen Tarifunstimmigkeiten zwischen Arbeitgeber und Gewerkschaften, die oft ohne Schlichter kein Ende finden.

Gründe für eine Mediation

In manchen Fällen werden Mediatoren auch von einer Seite hinzugerufen, um als unabhängiger Dritter der anderen Seite seine Meinung zu sagen. Ein Konfliktpartner erwartet also, dass sich der Mediator mit ihm solidarisiert. Er hofft, der Vermittler „erkennt", dass er Recht hat, und versucht, ihn auf seine Seite ziehen zu können. Aber genau diese Rolle übernimmt ein Mediator nicht.

Die Aufgabe des Mediators

„Sehen Sie, ich habe Ihnen gleich gesagt, dass er unbeweglich ist. Können Sie sich vorstellen, wie anstrengend es ist, täglich mit so jemandem zusammenzuarbeiten?" Auf eine solche Diskussion darf der Mediator sich nicht einlassen. Seine Aufgabe ist es, den Lösungsprozess zu steuern. Inhaltlich sollte er sich nicht einmischen. Es geht nicht darum herauszufinden, wer „Recht" hat, sondern es geht darum, eine Atmosphäre zu schaffen und ein Verfahren einzuführen, mit dem die Konfliktparteien in der Lage sind, eine Lösung zu finden.

Mediator = Schiedsrichter

Ein Mediator ist kein Richter, sondern eher ein Schiedsrichter. Er will die Diskussionsfähigkeit der beiden Parteien aufrechterhalten. Dabei achtet er darauf, dass Fairness geboten ist und sich die Parteien nicht in kränkenden Vorwürfen und Argumenten verstricken. Unter seiner Anleitung erarbeiten die Streitenden verschiedene Entwürfe, die sie dann bewerten, um sich auf eine Möglichkeit zu einigen. Der Konfliktbearbeitungsprozess hat deswegen erkundenden Charakter.

> **Ein Moderator erhält die Diskussionsfähigkeit der Teilnehmer aufrecht.**

Eine dritte Partei ist nur dann wirklich unabhängig und in der Lage, ihrer Rolle als Mediator zu entsprechen, wenn sie nicht versucht, die Kontrahenten zu verstehen und für einen der beiden Partei zu ergreifen. Sobald der Außenstehende das Gefühl hat, einer Argumentationsrichtung besser folgen und ihr mehr Wert beimessen zu können als der anderen, ist er Teil des Systems geworden und kann keine unabhängige Hilfe mehr leisten. Hat ein Mediator, der beispielsweise zwischen Chef und Mitarbeiter vermitteln soll, den Eindruck, dass es wirklich nicht ganz einfach ist, mit diesem Chef zurechtzukommen, und verhält er sich ähnlich wie der Mitarbeiter, so ist die Unabhängigkeit verloren.

Ein Mediator sollte nicht Partei ergreifen

> Sympathisiert ein Mediator mit einer Konfliktpartei, so wird das die andere Partei spüren und dem Konflikthelfer sein Vertrauen entziehen.

Übung

Bevor Sie eine Mediationsaufgabe annehmen, reflektieren Sie, welche Meinung Sie gegenüber den Parteien und zum Thema haben. Halten Sie Ihre Ansichten schriftlich fest.

Meine Meinung gegenüber den beteiligten Personen:

_____

_____

_____

_____

_____

Meine Meinung zum Thema:

Die Angst vor dem Konflikt

Viele Mediatoren und Führungskräfte haben erfahren, wie viel Disziplin diese Aufgabe erfordert. Sie haben Angst, in den Konflikt hineingezogen zu werden, Partei zu ergreifen oder es sich mit beiden Konfliktpartnern zu verderben. Und diese Angst ist durchaus berechtigt.

Ziel der Mediation

Ziel einer Mediation ist es, eine festgefahrene Situation wieder beweglich zu machen. Zu diesem Zweck darf die dritte Person – im vertrauten Rahmen – auch provokativ auftreten und unsinnige Vorschläge machen. Es geht darum, den kreativen Prozess wieder in Gang zu bringen, und dafür ist fast jeder Weg erlaubt. Hauptsache, die Streitenden verlassen ihre bewährten Denkschemata. Dafür muss man sich vergegenwärtigen, dass man als Mediator in der Regel erst dann hinzugezogen wird, wenn die Parteien vergeblich versucht haben, ihren Konflikt selbständig zu lösen. Oft besteht eine starke Verhärtung, so dass der Vermittler manchmal erst die Verhärtung lösen muss, um die Diskussionsbereitschaft wieder herzustellen.

> **Ein Mittler versucht, die Streiter aus den eingefahrenen Denkmustern herauszuholen.**

Werden beide Parteien beweglich und beginnen, kreativ zu arbeiten, so ist der Mediator dafür verantwortlich, alle Ideen festzuhalten, und wenn sie noch so unplausibel erscheinen. Er kann behilflich sein, auch scheinbar unangemessene Wege weiterzuentwickeln.

Neues festhalten und entwickeln

Der Schlichter muss außerdem in der Lage sein, die Übersicht über den Prozess zu behalten. Das heißt, er muss die Fähigkeit besitzen, die Situation in einem größeren Zusammenhang zu sehen und den Streitern zu helfen, die Relation und die Tragweite des Konfliktes zu erkennen. Wir haben ja gesehen, dass man als Betroffener die Auseinandersetzung meist dramatischer empfindet als Außenstehende.

Die Übersicht behalten

Essentials
- *Konfliktmediation steuert den Prozess, nicht die inhaltliche Lösungsfindung.*
- *Ein Mediator versucht, inhaltlich unabhängig zu bleiben.*
- *Wesentlicher Punkt in der Mediation ist, das Vertrauen der Kontrahenten zu gewinnen.*
- *Konfliktmediation ist nicht immer eine dankbare Aufgabe.*

Phasen der Konfliktmediation

1. Phase: Kontaktaufnahme und Klärung der Situation
In dieser Phase geht es um die Frage, ob beide Parteien den Mediator als unabhängigen Berater akzeptieren. Es wird ein zeitlicher Rahmen festgelegt und der Vermittler vereinbart mit den Konfliktparteien Spielregeln. Beispielsweise holt er sich die Erlaubnis, unterbrechen zu dürfen, falls die Bearbeitung des Konfliktes destruktiv wird.

Akzeptanz des Mediators

Auch das Besprechen von Befürchtungen der Partner gehört in diese Phase. Der Mediator versucht eine vertrauliche Atmosphäre zu schaffen und achtet während der Diskussion auf die Einhaltung der Spielregeln und der vereinbarten Struktur. Bei mehreren Sitzungen ist jedes Treffen neu zu strukturieren.

Übung

Formulieren Sie vor Ihrer Konfliktmediation zu jeder Mediationsphase ein paar Sätze, die Sie gerne sagen möchten. Wägen Sie Ihre Wortwahl gut ab. Ziel ist es, die Diskussionsbereitschaft zu erhöhen und jede Partei mit ihrer Argumentation wertzuschätzen und ernst zu nehmen. Formulieren Sie eine positive Perspektive.

Beispiel „*Ich möchte Ihnen beiden sehr für das entgegengebrachte Vertrauen danken. Ich bin sicher, dass wir auf einem konstruktiven Weg sind und nach einigen Gesprächen eine angemessene Lösung finden werden. Ihr Thema ist knifflig, aber dank Ihrer Kreativität und Flexibilität werden wir vorankommen. Heute werden wir zwei Stunden miteinander verbringen und festlegen, wann die nächste Sitzung stattfindet. Bevor wir jedoch einsteigen, möchte ich ein paar Spielregeln mit Ihnen gemeinsam vereinbaren. Erfahrungsgemäß spielt es sich dann leichter.*“

Mögliche Spielregeln *Beispiele für Spielregeln:*
- *Es redet immer nur einer.*
- *Jeder darf ausreden (jedoch nicht mehr als fünf Minuten).*
- *Es kommt darauf an, besonders gut zuzuhören.*
- *Ziel ist das Finden einer Lösung.*
- *Schuldzuweisungen helfen nicht weiter.*

- *Jeder Beteiligte sagt, wenn er sich unwohl fühlt.*
- *Es können immer Besinnungs- und Entspannungspausen gemacht werden.*
- *Der Konfliktmediator darf unterbrechen, wenn die Diskussion destruktiv wird oder sich im Kreis dreht.*
- *Jede Vereinbarung darf in Ruhe überdacht werden.*
- *Jede Meinung wird akzeptiert.*
- *Wir diskutieren über die Sache. Persönliche Angriffe sind nicht erlaubt.*

Ihre Formulierung:

_____

_____

_____

_____

_____

Veränderungen oder Ergänzungen zu den Spielregeln:

_____

_____

_____

_____

_____

127

2. Phase: Formulierung des Themas

Konsens über den Konflikt Beide Konfliktparteien werden nacheinander aufgefordert, das Streitthema aus ihrer Sicht zu formulieren. Um welchen Konflikt geht es? Was ist das Thema? Der Konsens darüber, was den Konflikt ausmacht, ist die Grundlage für seine Lösung. In dieser Phase kann sich schon herausstellen, dass die Konfliktpartner von unterschiedlichen Themen oder Themenschwerpunkten ausgehen. Der Austausch über die verschiedenen Auffassungen zum Thema trägt oft schon zur Klärung bei.

Übung – Beispiel

„Ich möchte Sie beide nun bitten, nacheinander zu formulieren, um welches Thema es bei Ihrem Konflikt geht."

Ihre Formulierung:

---

3. Phase: Ansicht der Parteien zum Konflikt

Konfliktbearbeitung Dies ist der erste inhaltliche Schritt zur Konfliktbearbeitung. Der Mediator achtet darauf, dass jeder ausreden kann. Erst wenn einer der Gesprächspartner alles gesagt hat, ist der andere dran. Die Partei, die zuhört, kann sich für Rückfragen Notizen machen. Ziel ist es, beiden Parteien das Gefühl zu geben, verstanden zu werden, und zwar nicht nur vom Mittler, sondern auch von der Gegenseite. Nur wer sich selbst verstanden fühlt, hat Kraft, sich auf den anderen einzulassen.

Übung – Beispiel

„Nun bitte ich Sie, Herr A, Ihre Ansicht innerhalb von fünf Minuten darzulegen. Frau B darf sich zurücklehnen und Ihre Sicht der Dinge genießen. ...

Vielen Dank. Und nun bitte Sie, Frau B. Auch Sie haben fünf Minuten Zeit, um Ihre Meinung darzulegen. Herr A wird Ihrem Vortrag entspannt folgen."

(Der Mediator macht sich Notizen über die Gemeinsamkeiten der Meinungen.)

Ihre Formulierung:

_____

_____

_____

_____

4. Phase: Jede Partei wiederholt die Position und die Interessen des anderen

Diese Wiederholung wird von der Gegenseite so lange modifiziert, bis der andere sagt: „So, nun haben Sie/hast du mich verstanden". Die gleiche Aufgabe hat danach die andere Partei. Dieses Vorgehen wurde von dem Psycho-

Aktives Verstehen

logen Anatol Rapoport vorgeschlagen, um internationale Konflikte – damals war es der Kalte Krieg – zu lösen. Rapoport vermutete, dass nach diesen Phasen des aktiven Verstehens bereits 50 Prozent des Konfliktes gelöst sind. Und diese Vermutung wurde inzwischen durch viele Erfahrungsberichte bestätigt.

> **Wenn man dazu bereit ist, sich in das Denken und Fühlen des anderen hineinzuversetzen, ist der Konflikt leichter lösbar.**

Übung – Beispiel

„Lieber Herr A, jetzt möchte ich Sie bitten, die Meinung und die Interessen Ihrer Partnerin B zu wiederholen. Frau B, Sie hören bitte genau zu und korrigieren, wenn Herr A etwas missverständlich ausdrückt. Herr A, Sie korrigieren Ihre Darstellung so lange, bis B zustimmend nickt und sagt: ‚Genau so habe ich es gemeint. Sie haben mich verstanden.'"

(Später wird derselbe Vorgang in umgekehrter Richtung wiederholt.)

Ihre Formulierung:

Diese Methode lässt sich effektiv auch dann einsetzen, wenn die Diskussion an einem Punkt stagniert. Beide Parteien versuchen, für einen Moment Abstand zu gewinnen und den derzeitigen Stand der Diskussion zusammenzufassen. Erkennen sie, dass sie sich in einer Sackgasse befinden, können sie neue Denkansätze suchen. Manchmal kommt das Gefühl der Sackgasse auch daher, dass die Parteien aneinander vorbeireden. Die Wiederholung der Standpunkte legt das offen.

Zusammenfassungen bewahren vor Sackgassen

Es ist verblüffend, wie oft Streitparteien nach diesem Prozess des aktiven Verstehens beteuern, dass sie das alles nicht gewusst haben und wenn sie es gewusst hätten, hätte der Konflikt nicht so weit kommen müssen. Unser Denken ist häufig in unseren Werten, unseren Zielen und in unseren Drehbüchern gefangen. Wenn wir das, was wir denken und fühlen, in Sprache umsetzen und dafür die inneren Bilder und Empfindungen wachrufen, wird es abstrakter und bietet dem anderen einen unerschöpflichen Interpretationsspielraum.

Innere Bilder wecken

> Der Mediator achtet darauf, dass beide Seiten in Ruhe aussprechen dürfen und faire Rückfragen gestellt werden können.

5. Phase: Visualisieren der Gemeinsamkeiten

Nachdem beide Parteien die Sichtweisen der Gegenpartei wiederholt haben, beginnt der Mediator die ihm aufgefallenen Gemeinsamkeiten in den Standpunkten und Begründungen anzusprechen und zu visualisieren. Dabei kommt es auch darauf an, nicht explizit ausgesprochene Dinge und solche Informationen zu verbalisieren, die sich durch die Wahl der Worte, durch den Tonfall oder durch körpersprachliche Anhaltspunkte vermitteln.

Gemeinsamkeiten aufgreifen

Übung – Beispiel

„Meine lieben Kollegen, ich möchte jetzt einmal zusammenstellen, was ich bisher von Ihrem Konflikt verstanden habe. Mir sind in erster Linie folgende Übereinstimmungen Ihrer Positionen und Interessen aufgefallen. ...

Folgende Diskussionspunkte bleiben offen: ..."

Ihre Formulierung:

Visualisierungen beruhigen

Die Kampfesstimmung beruhigt sich erfahrungsgemäß schnell, wenn die Übereinstimmungen visualisiert werden. Meist lenkt die bildliche Darstellung (auch im Sinne von Schriftbild) die Diskussion schneller in eine konstruktive Richtung, als wenn man nur darüber spricht. Streiten beispielsweise Eheleute bei ihrer Scheidung über die Verteilung des Hausrats, so könnten folgende Punkte Übereinstimmungen verdeutlichen:

Die Wünsche der Partner

Beide Partner wünschen:

- ■ gerechte Verteilung;
- ■ jeder bekommt das zurück, was er eingebracht hat;
- ■ der Partner, dem die Kinder zugesprochen werden, bekommt alles, was den Kindern gehört;

- jeder nimmt seine persönlichen Dinge und Geschenke an sich;
- jeder bekommt das, womit die Eltern jeweils die junge Familie unterstützen wollten.

Das Auflisten dieser Punkte begrenzt die Themen, über die noch verhandelt werden muss. In der Regel verlieren die Streitparteien ihre Gemeinsamkeiten schnell aus dem Auge. Diese Art, Brücken zwischen den Kontrahenten zu bauen, ist für den Mediationsprozess maßgeblich.

> **Gemeinsamkeiten schaffen Verbindungen.**

Hat der Mediator zu Beginn des Prozesses Mühe, Gemeinsamkeiten herauszufinden, dann kann er den Konfliktpartnern vor Augen führen, dass sie schließlich hier zusammengekommen sind, um eine Lösung zu erarbeiten. Das ist auch eine gemeinsame Interessenslage. Gleichgültig, wie sehr der Konflikt beide Parteien trennt, auf diese Gemeinsamkeit können sie sich stützen. Aufbauend lassen sich meist weitere Gemeinsamkeiten ermitteln. Beispielsweise ist es beiden Parteien wichtig, eine Veränderung herbeizuführen, den aktuellen Zustand zu überwinden usw.

Auf die gemeinsamen Interessen konzentrieren

6. Phase: Erarbeiten von Lösungsmöglichkeiten

Bei dem Erarbeiten von Möglichkeiten unterbricht der Mediator nur, wenn das konstruktive Finden von Lösungen in ein so genanntes „blame game" überwechselt. „Blame game" nennt man im Amerikanischen das Zurückfallen in Vorwürfe. Es wird nicht mehr versucht, zukunftsorientiert zu denken, sondern die Parteien bemühen die Vergangenheit, um den anderen vorzuführen.

„Blame games"

Dialoge entwickeln Beim Unterbrechen von „blame games" ist es wichtig, darauf zu achten, dass sich ein Dialog zwischen den Parteien entwickelt. Das Gespräch sollte nicht über den Vermittler laufen. Während dieses Prozesses lernen die Parteien einen konstruktiven Umgang miteinander kennen. Diese neue Art, miteinander zu sprechen, können sie in die alltägliche Zusammenarbeit oder das Zusammenleben übernehmen. Fallen dem Mediator in dieser Phase neue Gemeinsamkeiten auf, dann ergänzt er seine Liste.

Übung – Beispiel

„Nun sind wir bereits an dem Punkt der Lösungsfindung angelangt. Lassen Sie uns eine Art Brainstormingkonferenz durchführen. Ich schreibe alle Ideen auf, wir diskutieren sie aber noch nicht. Erst wenn alles an der Tafel steht, wird die Gesprächsrunde eröffnet. Welche Ideen haben Sie bereits im Laufe der Diskussion entwickelt? ...

Nun gehen wir zur Diskussion der Ideen über. Welche Gedanken möchten Sie äußern?"

Ihre Formulierung:

Entscheidend in dieser Phase ist, dass der Vermittler seine eigenen Lösungsideen zurückhält. Die streitenden Parteien müssen einen Weg finden, auf dem sie gehen können – unabhängig davon, ob der Mediator diesen Weg für gut hält. Dennoch ist es auch Aufgabe des Mediators, gezielt nachzufragen, wenn er den Eindruck hat, dass seine Streiter wesentliche Punkte übersehen haben. Wichtig sind hier indirekte Fragen:

Lösungen durch die Streitenden

Anstatt: „Sie haben übersehen, dass Sie xy nicht können."
Besser: „Wie haben Sie sich das genau vorgestellt?" oder „Wessen Einverständnis setzt dieses Vorgehen voraus?", „Gibt es noch etwas, das Sie berücksichtigen sollten?", „Wie genau wollen Sie xy umsetzen?"

7. Phase: Lösung vereinbaren
Meistens geht die sechste Phase automatisch in die siebente über. Man hat ein paar passable Ideen gefunden, und nun wird die beste ausgewählt. Manchmal stellt sie aber auch eine zweite Runde dar. Die Konfliktparteien möchten erst einmal in Ruhe nachdenken und ausschlafen, bevor sie sich festlegen.

Der Schlichter hat in dieser Phase die Aufgabe, die Art der Entscheidungsfindung zu beobachten. Werden alle Ideen berücksichtigt? Wird ein „blame game" gespielt? Sobald er anhand von verbalen und nonverbalen Aspekten den Eindruck gewinnt, dass eine Partei „über den Tisch gezogen" wird oder geneigt ist, einer unfairen Lösung zuzustimmen, stoppt er den Prozess und reflektiert ihn auf der Metaebene. Er holt die Parteien aus der aktuellen Diskussion heraus und hilft ihnen, aus einer unabhängigen Perspektive das Vorgehen zu betrachten. Dies geschieht durch eine konsequente Unterbrechung und Veränderung der Szene. Beispielsweise mit Aufstehen, Umsetzen

Entscheidungsfindung beobachten

oder einem Raumwechsel, damit die Parteien nicht in die inhaltliche Diskussion zurückfallen.

Wird eine Vereinbarung getroffen, so muss der Mediator darauf achten, dass

- ▪ beide Parteien die Vereinbarung tragen,
- ▪ vereinbart wird, wie die Einhaltung kontrolliert werden soll,
- ▪ darüber nachgedacht wird, wie in zukünftigen Streitfällen miteinander umgegangen werden soll.

Übung – Beispiel

„Nach reiflicher Diskussion der Fakten und Ideen geht es nun darum, eine konkrete Lösung zu vereinbaren. Sind Sie dazu bereit? ...
Wer hat einen Vorschlag?"

Ihre Formulierung:

_____

_____

_____

_____

8. Phase: Schluss

Entscheidungs-
findung
beobachten
Bevor man auseinander geht, um die Vereinbarungen umzusetzen, formuliert jede Partei, wie sie den Lösungsprozess empfunden hat. Jeder Teilnehmer bekommt die Gelegenheit, die getroffene Entscheidung noch einmal zu überprüfen. Auch der Mediator reflektiert den Prozess aus seiner Sicht.

Übung – Beispiel

„Jetzt möchte ich Sie bitten zu formulieren, wie Sie diese Art der Konfliktbearbeitung empfunden haben. Was hat Ihnen gut gefallen? Wo haben Sie noch Verbesserungsvorschläge? ...
Gibt es noch Einwände gegen die gefundene Lösung? ..." *(gegebenenfalls Besprechung)*
„Dann möchte ich Ihnen sehr für die konstruktive und lebhafte Diskussion danken. Wann wollen wir uns noch einmal kurz zusammensetzen, um zu überprüfen, ob sich die Lösung tatsächlich in der Praxis bewährt? ..." *Dank und Abschluss.*

Ihre Formulierung:

_____

_____

_____

_____

Kommen in dieser Schlussphase nochmals Einwände auf, dann steigt die Verhandlung wieder bei Phase sechs oder sieben ein.

Einwände lassen sich in der Regel anhand von körpersprachlichen und sprachlichen Inkongruenzen erkennen – beispielsweise sagt jemand: „Ich werde morgen auf Herrn Lampert zugehen und ihn ansprechen", geht aber, während er dies sagt, zwei Schritte zurück. Oder jemand sagt: „Das ist der wichtigste Punkt unserer Vereinbarung", macht aber währenddessen eine abfällige Handbewe- **Auf die Körpersprache achten** gung. Einwände spiegeln sich auch in Worten, die den Aussagesatz abschwächen, zum Beispiel: „eigentlich", „an sich" oder „im Prinzip". „Eigentlich finde ich diese Lösung prima." Ein geübter Konfliktmediator nimmt diesen einschränkenden Hinweis auf: „Was könnte Ihrer Meinung nach diese Lösung noch optimieren?"

> **Jeder gewürdigte Einwand macht den Erfolg der Lösung wahrscheinlicher.**

Die Umsetzung Verpasst es der Mediator in dieser Schlussphase, die Einwände zu berücksichtigen, steht der bisherige Erfolg auf wackeligen Füßen. Manchmal können wenige ergänzende Worte die Tragfähigkeit der gefundenen Lösung vergrößern. Wie erfolgreich die Mediation war, zeigt sich letztendlich erst in Phase neun: der Umsetzung.

Dieses strukturierte Vorgehen ist vom Vermittler nur dann wirklich durchführbar, wenn es zu Beginn gelingt, eine Atmosphäre von Wohlwollen, Respekt und Verständnis zu erzeugen. Oft sind beide Parteien so unstrukturiert und konfus, dass eine stringente Struktur für den Lösungsprozess hilfreich ist.

Bei komplexen Konflikten empfiehlt es sich, die Konfliktphasen auf verschiedene Tage zu verteilen. Kurze Denkpausen dazwischen können hilfreicher sein, als zu versuchen, alles auf einmal zu schaffen.

Essentials
Die neun Phasen im Überblick:

1. **Phase:** Kontaktaufnahme und Klärung der Situation
2. **Phase:** Formulierung des Themas
3. **Phase:** Ansichten der Parteien zum Konflikt
4. **Phase:** Jede Partei wiederholt die Position und die Interessen des anderen
5. **Phase:** Visualisieren der Gemeinsamkeiten
6. **Phase:** Erarbeiten von Lösungsmöglichkeiten
7. **Phase:** Lösung vereinbaren
8. **Phase:** Schluss
9. **Phase:** Umsetzung

Die Meinung des Mediators

Lange Zeit war man der Ansicht, dass ein Mediator seine Normen und Wertvorstellungen aus dem Prozess der Konfliktbearbeitung heraushalten müsse. Nachdem man die Erfahrung gemacht hatte, dass nahezu kein Mensch diese Anforderungen erfüllen kann, rückte man von dieser Auffassung ab. Heute wird zunehmend die Ansicht vertreten, dass ein Vermittler seine Persönlichkeit nicht einfach abstreifen kann. Ob er will oder nicht, wird er den Prozess kraft seiner Person beeinflussen. Manchmal sind es sogar gerade die Besonderheiten der Persönlichkeit, die dazu beitragen, die Beratung gelingen zu lassen.

Soll ein Mediator eigene Werte einbringen?

In einer Mediation geht es darum, den Konfliktpartnern eine neue Orientierung zu geben. Diese Aufgabe geht über ein rein formelles, sozusagen „technisches" und damit wertfreies Wiederherstellen der Kommunikation hinaus. Hinter dem strukturierten Vorgehen steht ein

Den Konfliktparteien bei der Neuorientierung helfen

139

Menschenbild, ein Lernziel, stehen Wertvorstellungen und Grundsätze. Sie beeinflussen die Worte und Reaktionsweisen des Mediators.

Wie sich der Mediator einbringen kann

Wenn sich der Konflikt an unterschiedlichen Wertvorstellungen der Konfliktparteien entzündet hat, erwarten diese manchmal den Input des Mediators. Sie suchen eine Orientierung, da sie selbst nicht wissen, welche Einstellung nun die „richtige" ist. Natürlich weiß der Mediator das auch nicht. Denn jede Einstellung ist für sich selbst genommen erst einmal richtig, weil sie aus einem reichen Erfahrungsschatz heraus entwickelt worden ist. Dennoch kann der Mediator die Werthaltungen reflektieren und gemeinsam mit den Konfliktparteien überlegen, welche Haltung welches Verhalten nach sich zieht und welche Einstellung bzw. welches Verhalten dem Lösungsprozess förderlich ist.

Die Mediationsaufgabe

Da die Werte und Grundsätze, die wir mit uns herumtragen, im Laufe der Lebensgeschichte überwiegend unreflektiert aufgenommen wurden, sprechen Psychologen bei dieser Mediationsaufgabe auch von „humanistischer Re-Indoktrination". Das bedeutet, dass ein Mittler die Chance hat, seine Wertvorstellungen im Konfliktbearbeitungsprozess als Maßstab einzubringen. Solange sich der Mediator dabei reflektiert und maßvoll verhält, ist nichts dagegen einzuwenden. Für einen Mittler ist es wichtig, sich vor dem Prozess seine Einstellung zum Konfliktthema bewusst zu machen. Nur so kann er Gefühle und impulsive Reaktionen kontrollieren.

Essentials

- *Konfliktmediatoren sind Menschen und haben Werte und Grundsätze.*
- *Diese Werte und Grundsätze sollten nur wohl-überlegt und reflektiert eingebracht werden.*

Und bevor es losgeht ...

Sie haben nun Bekanntes wiederentdeckt, neue Ideen kennengelernt und Anregungen erhalten. Jetzt stehen Sie vor einem großen Schritt: die Umsetzung des für Sie interessanten Wissens in die Praxis.

Nehmen Sie sich immer nur kleine Dinge vor. Versuchen Sie beispielsweise im nächsten Streitgespräch zu erkunden, ob Sie unterschiedlich digitalisieren, beschäftigen Sie sich mit Drehbüchern oder probieren Sie eine Zielfusion aus.

> **Versuchen Sie nicht, alles auf einmal zu realisieren.**

Gewolltes im Verhalten verankern

Der Anspruch wäre zu hoch. Es dauert eine Weile, bis wir das, was wir wollen, auch in unserem Verhalten wiederfinden. Wir müssen es so lange erproben, testen, überdenken und verändern, bis wir mit den neuen Handlungsweisen einverstanden sind. Und das dauert oft eine Weile. Dafür wünsche ich Ihnen Geduld – Geduld mit sich und Geduld mit den anderen Menschen.

Bewusste und unbewusste Verhaltensweisen

Die Entscheidung für ein bestimmtes Verhalten kann bewusst oder unbewusst geschehen. Beispielsweise entscheidet man sich bewusst dafür, auf den Konfliktpartner zuzugehen, um mit ihm ins Gespräch zu kommen. Unbewusst „entscheidet" man sich dafür, dem Konfliktpartner lieber aus dem Weg zu gehen, da man eine Auseinandersetzung fürchtet.

142

Bewussten und unbewussten Verhaltensweisen liegt immer eine Einstellung zugrunde. Gehen wir jemandem aus dem Weg, so haben wir die Erwartung, dass die Begegnung unangenehm wird. Ein Mensch mit der Einstellung „Je schneller man einen Konflikt anspricht und löst, umso leichter geht es" wird die Begegnung mit einem Konfliktpartner suchen.

Versuchen Sie, Ihre Einstellungen bewusst zu überdenken und nicht auf Knopfdruck zu reagieren. Hilfreich ist es hierfür auch, Aus-Zeiten zu beanspruchen, um sein eigenes Verhalten zu reflektieren und um mit neuen Ideen das Gespräch fortzusetzen. **Einstellungen überdenken**

Nehmen Sie sich folgende Leitgedanken mit in Ihre Vorbereitung und Durchführung von Konfliktgesprächen. Diese sieben Punkte können Ihnen eine Hilfe sein: **Leitfaden für Konfliktgespräche**

1. Wahre ich eine respektvolle Grenze zu meinen Konfliktpartner?
2. Bedenke ich, dass mein Gegenüber ein verletzbarer Mensch ist?
3. Bemühe ich mich ausreichend, meine eigenen Gedanken und Gefühle und die Gedanken und Gefühle meines Partners zu verstehen (Digitalisierungen, Drehbücher, Ziele, Werte)?
4. Höre ich aufmerksam zu?
5. Konzentriere ich mich auf neue Möglichkeiten?
6. Respektiere ich, dass Veränderungen nur freiwillig geschehen können?
7. Bringe ich ausreichend Geduld mit?

Viel Spaß und Erfolg!

Literaturempfehlungen

Fisher, Roger/Ury, William:
Das Harvard-Konzept.
Frankfurt: Campus, 1989, 8. Aufl.

Löhmer, Cornelia/Standhardt, Rüdiger:
Themenzentrierte Interaktion (TZI).
Mannheim: PAL Verlag, 1992.

Motamedi, Susanne:
Richtig streiten.
Zürich: Kreuz, 1997.

Peschanel, Frank:
Phänomen Konflikt.
Paderborn: Junfermann, 1993.

Ulsamer, Bertold:
Exzellente Kommunikation mit NLP.
Offenbach: GABAL, 1997, 6. Aufl.

Watzlawick, Paul/Beavin, Janet H./Jackson, Don D.:
Menschliche Kommunikation.
Bern: Huber, 1969.

Watzlawick, Paul:
Die erfundene Wirklichkeit.
München: Piper, 1984, neu bearb. Aufl.

Stichwortverzeichnis

 **Business-Bücher für Erfolg und Karriere**

CD ROM

▶ Projekte planen und durchführen

Inhalt: Bei der Planung von Projekten kann sehr viel Geld und Zeit durch effizientes Projektmanagement eingespart werden. Alle notwendigen Techniken erfolgreicher Projektplanung lernen Sie am Beispiel des Umzuges einer vierköpfigen Familie kennen und können sie anschließend für Ihren eigenen Projekterfolg nutzen. ISBN: 3-930799-62-6

▼ Körpersprache verstehen und anwenden

Inhalt: Sie lernen, Körpersprache zu verstehen und so einzusetzen, daß Ihre Ausstrahlung positiv unterstützt wird. Wer die „Geheimnisse der Körpersprache" kennt, kann anderen Menschen mit mehr Verständnis begegnen und auch sein eigenes Kommunikationsverhalten verbessern. ISBN: 3-930799-60-X

Ihr persönlicher Stil ◀ entscheidet

Inhalt: Der Eindruck, den Sie auf andere machen, entscheidet oftmals über den persönlichen oder geschäftlichen Erfolg. Trainieren Sie deshalb, wie Sie in wichtigen Situationen Ihres Lebens positiv wirken, Souveränität ausstrahlen und Ihre äußere Erscheinung vorteilhaft zum Ausdruck bringen. ISBN: 3-930799-63-4

je DM 39,80
sFR 39,80
öS 291,–

Konflikte kreativ lösen ◀

Inhalt: Konflikte sind Teil unseres Lebens. Am Beispiel einer Seminargruppe lernen Sie, Ihre Meinungen gegenüber einzelnen oder Teams durchzusetzen, ohne andere zu verletzen. Sie erfahren, wie Sie Konflikte konstruktiv steuern und Probleme gezielt angehen und lösen können. ISBN: 3-930799-61-8

mvoraussetzungen:
486 DX 66, mind. 4 MB RAM, Windows 3 oder ows 95, Double-Speed CD-ROM-Laufwerk, Karte mit mind. 256 Farben, Soundkarte, und Tastatur, Festplatte mit mind. 3 MB n Speicher.

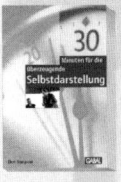